여기에 물이 있다

성서일과와 묵상노트

한희철 지음

여기에 물이 있다

꽃자리

목차

"생명의 샘이 주님께 있습니다"

우리는 지금 터널의 어디쯤을 지나고 있는 것일까요? 길고 두려웠던 터널, 어디선가 빛이 보이는 것 같기도 하니 터널의 끝이 아닐까 싶기도 하지만 여전히 조심스럽습니다. 이런 시간이 올 것이라고는 짐작조차 하지 못했고 이런 시간을 어떻게 보내야 하는지 전혀 알지 못했던 지난 시간 때문입니다. 오히려 자명했던 것은 우리의 무지와 무능, 지금의 시간을 단정 짓는 것은 또 하나의 경솔함이라 여겨집니다.

코로나19의 시간은 낯설고 고통스러웠습니다. 이제껏 경험해보지 못한 미답(未踏)의 시간이었습니다. 눈에 보이지도 않는 바이러스로 인해 일상이 멈춰서고 뒤틀리고 달라졌으니 말이지요. 당연하다 여겼던 많은 것들이 실상은 그렇지 않았음을 아프게 배웠습니다.

코로나19는 우리의 신앙생활에도 지대한 영향을 미쳤습니다. 신앙의 중심축처럼 자리를 잡았던 예배참석이 코로나의 상황에 따라 불규칙해졌고, 심지어는 예배에 참석한다는 것이 위험하게 여겨지기도 했습니다. 예배도 예외가 아닙니다. 교우들은 물론 설교를 하는 목사도 마스크를 쓰고 예배를 드립니다. 처음으로 마스크를 쓰고 설교를 할 때 마음 깊이 찾아들던 자괴감을 잊기 어렵습니다. 느닷없이 마주한 상황에 대책 없이 지고 있다는 무력감이 컸습니다.

비대면 예배, 비대면 성찬식, 예전에는 생각도 못했던 말이 어느새 익숙해졌습니다. 성경공부나 소모임은 아직도 조심스럽습니다. 식사를 하며 즐겁게 누리던 성도의 교제가 끊긴지도 오래 되었고, 사회의 그늘진 곳을 살피던 봉사의 발길도 뜸해졌습니다.

예배에 참석하고 교회에 가는 것을 큰 낙으로 삼았던 어른 세대는 무엇으로 그 허전함을 채울지 몰라 마음이 우울합니다. 코로나로 인해 세상을 떠나는 어른들도 적지가 않습니다. 사회적 시선 때문이라고는 하지만 청장년 세대의 예배 불참이 두드러졌고, 그러다보니 자녀들도 덩달아 예배에서 멀어졌습니다. 예배 참석인원이 줄었고, 헌금도 평소와 차이가 납니다. 일자리를 잃어버린 교우들도 적지가 않습니다.

하나님은 하나의 문을 닫으실 때 우리가 모르는 문 하나를 여신다고 합니다. 코로나로 인해 닫히는 문들이 많았지만 새롭게 여신 문도 분명 있을 것입니다. 어쩌면 하나님은 한국교회가 줄기차게 달려온 성장의 문을 닫고, 성숙의 문을 여시는 것 아닐까요?

목회현장에서 코로나19로 고민하며 씨름을 한 긴 시간, 새롭게 다가온 것이 있었습니다. 〈성서일과〉에 대한 새로운 이해였습니다. 코로나가 시작되면서부터 교우들과 〈성서일과〉를 나누었습니다. 매일 아침 〈성서일과〉 본문과, 분문 중의 한 구절을 묵상한 내용을 교우들에게 전했습니다.

교우들의 반응은 다양했습니다. 아무런 반응을 보이지 않는 이들이 가장 많았지만, "아멘" 하며 짧게 화답하기도 했고, 그날의 말씀을 묵상하고 신앙의 다짐을 보내는 이들도 있었습니다. 말씀을 읽으며 이해가 안되는 부분을 질문하는 교우들도 있었습니다. 질문을 한 교우와 성경에 대한 이야기를 이어가는 것은 큰 즐거움이었습니다.

〈성서일과〉의 가장 큰 유익은 나를 찾아오시는 말씀을 만나는데 있다고 여겨집니다. 아무 말씀이나 읽는 것이 아니고, 내가 선택하여 읽는 것도 아니고, 나를 찾아오시는 말씀을 매일 만나는 것입니다. 오랫동안 나를 기다리고 있었던 말씀을, 때가 되어 만나는 것 말입니다. 이 말씀이 왜 오늘 나에게 주어진 것일까 생각하며 말씀을 읽으면, 말씀은 늘 새롭게 다가오니까요.

〈성서일과〉에 적극적으로 참여하기를 바라는 마음으로 교우들에게 묵상 내용을 담을 수 있는 수첩이나 노트를 준비하면 좋겠노라 권했습니다. 묵상 내용을 정리하는 것은 마음으로만 동참하는 것과는 사뭇 다를 것이라 생각했습니다. 그러던 중 〈성서일과〉를 위한 공책이나 책이 있다면 큰 도움이 되지 않을까 하는 생각이 들었습니다. 인쇄된 내용을 읽고 서너 줄 소감을 쓰는 방식이 아니라, 조금 어렵거나 불편해도 내가 충실하게 채워가는 것이 신앙에 훨씬 유익하겠다 싶었기 때문입니다. 이 책이 나오게 된 것은 그런 까닭 때문입니다.

〈성서일과〉는 조금만 노력하면 주변에서 찾을 수가 있습니다. 대부분의 교단에서는 해가 바뀔 때마다 그해의 〈성서일과〉를 나눕니다. 교단 홈페이지를 참조하면 도움을 받을 수가 있습니다. 그것이 어렵다면 출석하는 교회의 목회자에게 도움을 청해도 좋겠습니다. 도움을 받을 수 있을 것이고, 그런 일을 통해 서로에 대한 신뢰는 두터워질 것입니다.

사막을 지나 약속의 땅으로 가는 백성들에게 주님은 매일 넉넉한 하늘 양식을 주셨습니다. 뜨거운 한낮에는 구름기둥으로, 춥고 어두운 밤에는 불기둥으로 이끄셨습니다. 오늘 만나는 이 책이 그런 주님의 손길로 다가가기를 희망합니다. 한 치 앞을 모르는 세상에서 우리의 길과 걸음을 지키고 이끄시는 주님의 손길이 되었으면 좋겠습니다.

사막에 길을 내듯 〈꽃자리〉에서 책을 냅니다. 혼탁한 시대에 주님께서 우리 마음에 새기시는 의미 있는 무늬가 되었으면 좋겠습니다. 〈성서일과〉가 "여기에 물이 있다"고 부르시는 주님의 멋진 초대가 되기를 빕니다.

2022년 6월

정릉에서, 한희철

긴 고민 끝에

〈성서일과〉 묵상집을 만들며 오래 고민한 일이 있습니다. 하루하루의 묵상에 날짜를 인쇄할지 말지에 대한 고민이었지요. 성실하게 따르기에는 날짜를 인쇄하는 것이 당연하게 여겨졌지만, 한 가지 걸리는 부분이 있었습니다. 한 번 날짜를 놓치면 쉬 포기하게 되는 것이 아닐까 싶었습니다. 건너 뛴 여백이 부담이 되지 않을까 싶었습니다.

긴 고민 끝에 날짜를 명기하지 않고, 묵상하는 이가 기록하도록 했습니다. 이유는 한 가지, 끝까지 완주하기를 바라는 마음에서입니다.

매일매일 충실하게 〈성서일과〉를 만나는 일은 혼탁한 세상에서 구름기둥 불기둥을 경험하는 일이 될 것입니다. 하늘의 동아줄을 붙잡는 일에 최선을 다할 수 있기를 기대합니다.

<성서일과> 사용법

1. 시간의 골방

하루의 시간 중 말씀을 묵상할 수 있는 가장 고요한 시간을 선택합니다. 새벽, 아침, 한낮, 저녁, 밤, 어떤 시간이어도 좋습니다. 세상의 소음에서 벗어나 시간의 골방으로 들어가 마음의 문을 닫기 바랍니다.

2. 조용한 기도

〈성서일과〉를 읽기 전 먼저 조용히 기도를 합니다. 주님의 음성을 듣고 주님을 만날 수 있도록, 주님의 도우심을 구합니다. 말씀을 새기기 위해 마음을 비웁니다.

3. 말씀 읽기

오늘의 성서일과 말씀을 읽되 왜 오늘 이 말씀이 나에게 주어졌는지를 생각하며 읽습니다. 가능하면 천천히 읽고, 가능하다면 거듭해서 읽으면 좋습니다.

4. 꽃물(말씀 새기기)

물을 타지 않은 진국, 배동지기에 논으로 들어가는 물을 '꽃물'이라 합니다. 〈성서일과〉 중 가장 의미 있게 다가온 말씀이 무엇인지, 그 말씀 앞에 어떤 생각이 들었는지를 정리합니다. 한 구절도 좋고, 한 단락이나 한 단어도 좋습니다. 내 마음에 닿은 말씀을 마음에 새깁니다.

5. 마중물(말씀 묵상)

'마중물'이란 펌프의 물을 길어 올리기 위해 한 바가지 먼저 붓는 물을 말합니다. 말씀을 읽으며 길어 올린 생각들을 정리합니다.

6. 두레박(질문)

말씀을 읽으면서 떠오른 질문을 적습니다. 좋은 질문은 좋은 대답으로 나를 이끕니다. 정직한 질문은 우리의 믿음을 맑게 합니다.

7. 손우물(한 줄 기도)

'손우물'은 손으로 만든 우물로, 꽃씨를 심고 따로 물을 줄 도구가 없을 때 두 손을 모아 물을 담는 모습을 나타냅니다. 〈성서일과〉를 읽고 묵상을 한 뒤, 한 줄 기도문을 적습니다. 간결한 마음으로 바치는 기도입니다. 기도의 분량이나 멋진 문장이 아니라, 진솔한 마음이 중요합니다.

8. 나비물(말씀의 실천)

'나비물'은 우물가에서 대야에 물을 담아 씻고 나서는 대야의 물을 옆으로 확 끼얹어 마당의 먼지를 재우거나 화단에 물을 뿌릴 때, 가로로 확 퍼지게 끼얹는 물을 가리킵니다. 말씀의 실천은 생활 속 아주 작은 일에서부터 시작합니다. 〈성서일과〉 중에서 내가 실천할 내용을 찾아 실천에 옮기면 됩니다.

9. 하늘바라기(오늘의 중보기도)

비가 와야 농사를 지을 수 있는 논을 천둥지기, 천수답, 하늘바라기라 불렀습니다. 우리는 모두 하늘의 은혜만을 바라보는 하늘바라기들입니다. 우리 주변에는 우리의 기도를 필요로 하는 이들이 많이 있습니다. 말씀을 읽고 난 뒤 중보기도를 드립니다.

10. 도래샘(삶 돌아보기)

'도래샘'이란 빙 돌아서 흐르는 샘물을 말합니다. 차 한 잔을 마시듯 짧은 글을 대하며 내 삶을 돌아봅니다. 일기 쓰듯 적었던 제 짧은 글이 도움이 되었으면 좋겠습니다.

<성서일과>란

독서집(Lectionary) 또는 성서일과(聖書日課)는 기독교에서 교회력에 따라
배치한 전례 성서를 말한다.

대림절(Advent), 성탄절(Christmas), 공현절(Epiphany), 사순절(Lent), 성 주
간(Holy Week), 부활절(Easter), 연중주일(Season after), 성령강림절(Pentecost)
등의 교회력 절기에 맞추어 성서 말씀이 배치되어 있다. 1년을 기준으로
313년 공인 이전부터 성경을 절기에 맞추어 읽는 관례가 있었으며, 서방
교회와 동방교회에서 각자의 성경 일독을 지침으로 하는 독서집이 있었
다. 근대에 와서 천주교회와 정교회, 개신교회는 각각의 교회 절기에 맞
춘 하루 성서 독서(성서정과, 성서일과)를 개별적으로 교파별로 가지고 있었
다. 이에 대한 반성과 교회일치운동의 일환으로 모든 교회가 사용하는 성
서 일과를 마련하자는 의견이 모였고 그 결과 현재의 성서일과를 형성하
였다.

교회일치 운동에 따른 성경읽기

개정판공동성구집(또는 개정공동성서정과, RCL)은 성서를 기반으로 기독교
예배와 기도(아침, 저녁기도)에 필요한 성서독서를 위해 작성된 세계교회
공동성서읽기표를 말하며, 교회력에 따라 성서말씀을 배치하였다.

현재 세계의 많은 기독교 교회, 특히 영어권 교회에서 사용되는 '개정공동성서정과'(또는 개정판공동성구집)는 1년 주기의 표를 사용하던 교회일치운동 교단들이 제2차 바티칸 공의회를 마치고 천주교회가 새로 발행한 3년 주기 성서 읽기표의 방식을 받아들여 3년 주기의 성서읽기표를 교회일치운동(Ecumenical) 정신에 따라 작성한 것이다.

1983년에 시작하여 9년간의 시험 사용을 거쳐 1994년 공식적으로 출판되었다. CCT(North American Consultation on Common Texts)와 ELCC(International English Language Liturgical Consultation)의 협력 사업으로 참여기구는 미국과 캐나다의 천주교주교회의, 그리고 미국 연합감리교회, 캐나다와 미국의 주류 개신교 교파들과 성공회에서 참여하여 영어권에서 폭넓게 받아들여지게 되었다.

사용 방법

성서정과를 사용하는 교회들은 가해(Year A Readings), 나해(Year B Readings), 다해(Year C Readings)로 해를 나누고, 각 해마다 다른 내용의 성서정과를 사용하며, 전례봉사자와 설교자는 예배 때마다 성서정과에 나온 성서말씀을 구약성서, 시편, 서신, 복음서로 나누어 읽는다. 물론 설교도 성서정과에 나온 복음서 말씀을 근거로 한다.

한국교회에서의 사용

현재 한국교회에서는 개정판공동성구집(개신교에서 사용), 개정공동성서정과(약자: RCL, 성공회와 루터교회에서 사용), 미사 전례서 또는 시간 전례서의 성서읽기표(로마 가톨릭 교회에서 사용)를 사용하고 있다. 이중 개정공동성서정과(RCL)는 세계개신교교회에서 공통적으로 사용하는 공동성서정과표이다.

성서정과에 나온 성서말씀을 읽는 일을 성서독서라고 하는데, 성서독서자는 교파마다 차이가 있다. 한국 루터교회에선 목사가 구약, 시편, 서신, 복음서를 모두 읽으며, 한국 천주교회와 대한 성공회에서는 구약, 시편, 서신은 평신도 전례봉사자가, 복음서는 사제와 부제가 읽을 수 있다.

기독교대한감리회에서는 성서일과로 칭하며, 세계감리교협의회에서 협의하여 정한 '개정판공동성구집'의 성서일과를 따른다. 한국 기독교장로회(기장)는 독자적인 성서정과를 작성하여 이용한다. 대한민국의 대다수 개신교 교회들은 성서정과를 사용하지 않고 목사 임의로 성서본문을 정한다. 하지만 몇몇 개신교회들은 성서정과에 따라 성서말씀을 읽는다.

────────────────────── **일러두기**

성서일과(개정된 공동성서일과)는 3년을 주기('가'해, '나'해, '다'해)로 구성되어 있다. 오늘의 성서일과 목록 중에 이탤릭체로 표기한 것은, 성서 66권 중에 겹치는 본문과 누락된 본문을 고려해서 교회력의 주제에 맞는 기타 중요한 본문들을 선택해서 옵션으로 넣은 것이다.

어느 날의 기도

여기 내 마음
가라앉을 만큼 가라앉아
거반
눈물에 닿았으니
오십시오, 주님
비로든
바람으로든
폭풍우로든
무엇으로라도 오십시오
파란 떨림
나는 당신을 예감합니다

부끄러워 얼굴을 들 수가

1. 오늘의 성서일과 시편 66:1-9 시편 30
예레미야 51:47-58 열왕기하 4:18-31
고린도후서 8:1-7

2. 꽃물(말씀 새기기)

> 나는 욕을 먹고 수치를 당하였다. 이방 사람들이 주님 성전의 거룩한 곳들을 짓밟았으므로, 나는 부끄러워 얼굴을 들 수가 없었다.(예레미야 51:51)

3. 마중물(말씀 묵상)

> 하나님의 거듭되는 경고를 무시한 백성들은 결국 바벨론의 침공을 받아 예루살렘 성이 함락되고 만다. 이방인들이 주님 성전의 거룩한 곳들을 짓밟는 모습을 본 예레미야는 수치감에 얼굴을 들지 못한다. 세상 사람들의 불신과 조롱의 대상이 되어버린 오늘 이 땅의 교회와 무엇이 다를까? 그런데도 부끄러워 얼굴을 들지 못하는 이를 찾아보기가 어렵다니.

4. 두레박(질문)

> 하나님의 경고를 진지하게 받아들였다면, 역사는 어떻게 바뀌었을까? 하나님은 결국 바벨론이 교만해질 것까지 알고 계셨던 것일까?

5. 손우물(한 줄 기도)

> 부끄러움을 부끄러움으로 여길 줄 아는, 최소한의 염치를 주소서.

6. 나비물(말씀의 실천)

> 며칠째 손님이 없다는 교우 사업체를 찾아가 위로하고 격려하자.(고린도후서 8장)

7. 하늘바라기
   (오늘의 중보기도)

> 전쟁 중인 우크라이나 땅, 투병 중인 교우들과 지인들, 물질적 빈곤으로 곤란함을 겪는 사람들을 불쌍히 여기시고 도우소서.

8. 도래샘(삶 돌아보기) 묻힌 선은 거름이고
묻힌 악은 악취이다

- 거름과 악취

1. 오늘의 성서일과

2. 꽃물(말씀 새기기)

3. 마중물(말씀 묵상)

4. 두레박(질문)

5. 손우물(한 줄 기도)

6. 나비물(말씀의 실천)

7. 하늘바라기
   (오늘의 중보기도)

거기에 머물다가 거기에서

1. 오늘의 성서일과

시편 66:1-9

스가랴 14:10-21

누가복음 9:1-6

시편 30

열왕기하 4:32-37

2. 꽃물(말씀 새기기)

어느 집에 들어가든지, 거기에 머물다가, 거기에서 떠나거라.(누가복음 9:4)

3. 마중물(말씀 묵상)

예수님 없이 예수님처럼 사는 것, 그것이 제자들을 보내신 뜻이었다. 또 하나의 예수가 되라는 요청이었다. 제자들을 파송하며 금하신 것들이 있다. 지팡이도 자루도 빵도 은화도 가지고 가지 말고, 속옷도 두 벌씩은 가지고 가지 말라 하신다. 여행자의 최소지참 물건도 가지지 말라는 것이다. 오늘 우리 걸음이 무거워 제대로 걸음을 옮기지 못하는 것은, 지닌 것이 많기 때문이다. 거기가 어디든 거기에 머물다가 거기에서 떠나기, 기웃거리지 말기!

4. 두레박(질문)

최소한의 지참 물건도 챙기지 않으면 그 결과는 어떠할까?

거기에 머물다가 거기에서 떠나기를 인생에 적용하면 어떤 의미가 될까?

5. 손우물(한 줄 기도)

허락하신 자리에 머물되, 때가 되면 아낌없이 떠나게 하소서.

6. 나비물(말씀의 실천)

내 몸과 맘을 포개고 기도함으로 죽은 것 살려내기.(열왕기하 4:32-37)

7. 하늘바라기
   (오늘의 중보기도)

사역의 길을 가는 지인들과, 땅끝이라 여겨지는 곳에서 복음을 전하는 이들의 최소한의 필요를 채우소서.

8. 도래샘(삶 돌아보기)

경건을 포장지로 삼지 않게 하소서

거룩을 상품으로 삼지 않게 하소서

- 어느 날의 기도

1. 오늘의 성서일과

2. 꽃물(말씀 새기기)

3. 마중물(말씀 묵상)

4. 두레박(질문)

5. 손우물(한 줄 기도)

6. 나비물(말씀의 실천)

7. 하늘바라기
   (오늘의 중보기도)

더 중요한 것

1. 오늘의 성서일과 이사야 66:10-14, 시편 66:1-9   *열왕기하 5:1-14*
갈라디아서 6:(1-6), 7-16   *시편 30*
누가복음 10:1-11, 16-20

2. 꽃물(말씀 새기기)

할례를 받거나 안 받는 것이 중요한 것이 아니라, 새롭게 창조되는 것
이 중요합니다.(갈라디아서 6:15)

3. 마중물(말씀 묵상)

할례를 받는 것, 그것은 모든 종교적인 것을 대표한다. 세례를 받고
교회에 다니고, 예배에 참석하고 기도를 하는 것, 모두가 할례일 수
있다. 할례를 받지 않는 것, 그것은 모든 비종교적인 것을 대표한다.
남한테 악하게 하지 않으면서 선하게 살면 되지, 즐기며 사는 게 최선
이지, 모두가 무할례가 될 수 있다. 정작 중요한 것은 그것이 아니다.
새로운 존재로, 새롭게 창조되는 것이 중요하다.

4. 두레박(질문)

할례를 받거나 안 받는 것이 중요한 것이 아니라는 발언이, 당시에 얼
마나 엄청난 것인지를 우리는 인식하고 있는 것일까? 새로운 창조 앞
에 의미를 잃어버리는 할례는, 오늘 무엇일까?

5. 손우물(한 줄 기도)

할례보다 중요한 것이 있음을 기억하게 하소서.

6. 나비물(말씀의 실천)

하나님의 말씀 앞에서 내 생각을 내려놓자.(열왕기하 5:1-14)

7. 하늘바라기
   (오늘의 중보기도)

잘못된 신앙으로 굳어진 이들을 풀어주소서. 잘못된 신념으로 굳어진
이들을 이끌어 주소서.

8. 도래샘(삶 돌아보기) 늦게 핀 꽃보다는
아껴 핀 꽃이라는 말이 더 예뻐라

-아껴 핀 꽃

1. 오늘의 성서일과

2. 꽃물(말씀 새기기)

3. 마중물(말씀 묵상)

4. 두레박(질문)

5. 손우물(한 줄 기도)

6. 나비물(말씀의 실천)

7. 하늘바라기
　(오늘의 중보기도)

귀에 할례를 받지 못하여

1. 오늘의 성서일과　　시편 119:73-80　　　　　　시편 6
　　　　　　　　　　　　예레미야 6:10-19　　　　　　열왕기하 5:15-19a
　　　　　　　　　　　　사도행전 19:21-27

2. 꽃물(말씀 새기기)

제가 말하고 경고한들 누가 제 말을 듣겠습니까? 그들은 귀가 막혀 주님의 말씀을 들을 수 없습니다. 주님께서 하신 말씀을 전하면 그들은 저를 비웃기만 합니다. 말씀 듣기를 좋아하지 않습니다.(예레미야 6:10)

3. 마중물(말씀 묵상)

'귀가 막혀'라는 말은 '귀에 할례를 받지 못하여'라는 뜻이다. 어느 누가 귀에 할례를 받겠는가만, 귀가 할례를 받지 못하면 하나님의 말씀이 말씀으로 들리지 않는다. 내 생각과 다르다는 이유로 말씀을 전하는 사람을 비웃고 말씀 듣는 일을 좋아하지 않는다. 귀고리를 달기 위해 귀를 뚫으면서도 말씀을 듣기 위해 할례를 받는 이가 보이지 않는 세상이라니!

4. 두레박(질문)

귀에 할례를 받아야 한다는 것을 누가 얼마나 알고 있을까?
듣지 않는 이들에게 말씀을 전한다는 것은 무슨 의미가 있는 걸까?

5. 손우물(한 줄 기도)

막혀버린 우리의 귀를 뚫어 해주소서.

6. 나비물(말씀의 실천)

올바름을 위한 손해를 감내하자.(사도행전 19:21-27)

7. 하늘바라기
　　(오늘의 중보기도)

말씀에서 멀어진 이들이 있습니다. 어느새 돌짝밭이 되어버린 이들이 있습니다. 굳어진 마음을 주님께서 갈아 말씀을 말씀으로 듣게 하소서.

8. 도래샘(삶 돌아보기)

남은 볕 다 주고 서산을 넘는 해
앞산에 새겨지는 은총이란 단어

- 은총

22

1. 오늘의 성서일과

2. 꽃물(말씀 새기기)

3. 마중물(말씀 묵상)

4. 두레박(질문)

5. 손우물(한 줄 기도)

6. 나비물(말씀의 실천)

7. 하늘바라기
   (오늘의 중보기도)

욕심과 거짓

1. 오늘의 성서일과
시편 119:73-80
예레미야 8:4-13
사도행전 19:28-41

시편 6
열왕기하 5:19b-27

2. 꽃물(말씀 새기기)

그리고 그가 들어가서 주인 앞에 서자, 엘리사가 그에게 물었다. "게하시야, 어디를 갔다 오는 길이냐?" 그러자 그는 "예언자님의 종인 저는 아무데도 가지 않았습니다" 하고 말하였다.(열왕기하 5:25)

3. 마중물(말씀 묵상)

말 한 마디만 하면 좋은 것을 얼마든지 얻을 수 있을 텐데, 나아만을 그냥 돌려보내는 것이 게하시로서는 너무나 아까웠다. 조금 노력하면, 조금 비굴해지면 얻을 수 있는 것들이 우리에게도 있다. 그것을 그냥 포기한다는 것은 너무나 아까워 보인다. 결국 '소탐대실'(小貪大失)을 불러들인다. 얻은 것이 잃은 것보다 훨씬 크다는 것은 나중에서야 깨닫는다.

4. 두레박(질문)

욕심과 거짓은 형제가 아닐까?
소유욕을 버리기 위해서는 그 마음을 무엇으로 대체해야 할까?

5. 손우물(한 줄 기도)

욕심과 거짓을 버리게 해주소서.

6. 나비물(말씀의 실천)

소유욕, 탐심을 버리자.(열왕기하 5:19b-27)

7. 하늘바라기
(오늘의 중보기도)

하나님을 늘 떠나기만 하고 돌아설 줄 모르는 이들을 붙잡아 주소서. 너무 늦게 돌아서지 않게 하소서.(예레미야 8:4-13)

8. 도래샘(삶 돌아보기)
벌개미취와 쑥부쟁이가 무엇이 다른지
설명을 들으니 더욱 모르겠어라

- 세상사

1. 오늘의 성서일과

2. 꽃물(말씀 새기기)

3. 마중물(말씀 묵상)

4. 두레박(질문)

5. 손우물(한 줄 기도)

6. 나비물(말씀의 실천)

7. 하늘바라기
   (오늘의 중보기도)

피할 수 없는 길

1. 오늘의 성서일과
시편 119:73-80
여호수아 23:1-16
누가복음 10:13-16

시편 6
열왕기하 6:1-7

2. 꽃물(말씀 새기기)

나는 이제 온 세상 사람이 가는 길로 갈 때가 되었습니다. 당신들은 주 하나님이 약속하신 모든 선한 말씀 가운데서 이루어지지 않은 것이 하나도 없음을, 당신들 모두의 마음과 모두의 양심 속에 분명히 알고 있습니다. 그 가운데서 한 말씀도 어김이 없이 다 이루어졌습니다.(여호수아 23:14)

3. 마중물(말씀 묵상)

모든 인간에게 피할 수 없는 길이 있다. 빈부귀천, 지위고하를 막론하고 모두가 가야 하는 길이 있다. 죽음이다. 그 때를 아는 것이 복이다. 마지막 때를 알아 마음속 이야기들은 사랑하는 이들에게 남기는 것이 복이다. 내가 하는 마지막 이야기에 주님의 뜻이 담길 수 있기를, 내 삶의 주인이 주님이셨음을 고백할 수 있기를.

4. 두레박(질문)

모두가 가는 길이 있음을 모두가 알고 있을까?
세상 떠날 때 내가 남길 마지막 말은 무엇일까?

5. 손우물(한 줄 기도)

모두가 가는 길이 내게 있음을 잊지 않게 하소서.

6. 나비물(말씀의 실천)

물에 도끼를 빠뜨려 낭패를 당한 사람을 도와주자.(열왕기하 6:1-7)

7. 하늘바라기
   (오늘의 중보기도)

요양원에서 마지막 시간을 보내고 있는 이들을 기억하시고, 위로와 평안과 소망을 주소서.

8. 도래샘(삶 돌아보기)

만년필에 잉크를 채우자
마음으로 흐르는 실개천

- 실개천

1. 오늘의 성서일과

2. 꽃물(말씀 새기기)

3. 마중물(말씀 묵상)

4. 두레박(질문)

5. 손우물(한 줄 기도)

6. 나비물(말씀의 실천)

7. 하늘바라기
　　(오늘의 중보기도)

깊은 통찰력

1. 오늘의 성서일과　시편 25:1-10　　　　　　*시편 82*
　　　　　　　　　　　창세기 41:14-36　　　　　*아모스 1:1-2:3*
　　　　　　　　　　　야고보서 2:14-26

2. 꽃물(말씀 새기기)

이 먹거리는, 이집트 땅에서 일곱 해 동안 이어갈 흉년에 대비해서, 그 때에 이 나라 사람들이 먹을 수 있도록 갈무리해 두셔야 합니다. 그렇게 하시면, 기근이 이 나라를 망하게 하지 못할 것입니다.(창세기 41:36)

3. 마중물(말씀 묵상)

무엇인가를 꿰뚫어 본다는 것은 소중한 일이다. 사소한 모습을 통해 누군가의 아픔과 절망을 헤아려 도움을 주는 일이 어찌 가벼울 수 있을까. 바로의 꿈 이야기를 들은 요셉은 그 꿈을 해몽한다. 누군가가 꾼 꿈의 의미를 알아차리는 능력은 아무나 가지고 있는 것이 아니다. 하나님의 선물일 것이다. 긴 가뭄 속에서도 사람들을 살렸던 것은 요셉이 가졌던 깊은 통찰력이었다.

4. 두레박(질문)

꿈의 의미를 헤아린다는 것은 어디까지 가능한 것일까?
나는 내가 가진 통찰력으로 누군가를, 세상을 살리고 있을까?

5. 손우물(한 줄 기도)

현상을 꿰뚫어 내면을 바라볼 수 있는 통찰력을 주소서.

6. 나비물(말씀의 실천)

헐벗고 그날 먹을 것조차 없는 이들에게 빈말 하지 않기, 실제적인 도움 전하기.(야고보서 2:14-26)

7. 하늘바라기
　(오늘의 중보기도)

어디선가 끼니와 다음날 차비를 걱정하는 이들을 내가 기억하게 하소서. 밥 한 끼 같이 나눌 수 있는 용기와 마음과 시간을 주소서.

8. 도래샘(삶 돌아보기)　무너진 마음과
　　　　　　　　　　　　깨어진 언어들이 모여

　　　　　　　　　　　　- 기도

1. 오늘의 성서일과

2. 꽃물(말씀 새기기)

3. 마중물(말씀 묵상)

4. 두레박(질문)

5. 손우물(한 줄 기도)

6. 나비물(말씀의 실천)

7. 하늘바라기
   (오늘의 중보기도)

내 원수가 나를 이기지 못하게

1. 오늘의 성서일과　　시편 25:1-10　　　　　　*시편 82*

창세기 41:37-49　　　　*아모스 2:4-11*

사도행전 7:9-16

2. 꽃물(말씀 새기기)

> 나의 하나님, 내가 주님께 의지하였으니, 내가 부끄러움을 당하지 않
> 게 하시고 내 원수가 나를 이기어 승전가를 부르지 못하게 해주십시
> 오.(시편 25:2)

3. 마중물(말씀 묵상)

> 살아가면서 정말로 피하고 싶은 일은 부끄러움을 당하는 것이다. 아
> 무런 잘못도 없이 부끄러움을 당하는 일은 견디기가 어렵다. 그만큼
> 이나 견디기 어려운 일이 또 있다. 나를 괴롭히는 내 원수가 나를 이
> 기고 승전가를 부르는 것을 바라보는 일이다. 원수가 나를 이기고 부
> 르는 승전가는 내 가슴에 독을 묻힌 화살처럼 박힌다. 그런 일이 없기
> 를 비는 마음이 솔직하고 간절하다.

4. 두레박(질문)

> 기도를 드리며 가질 수 있는 솔직함의 한계는 어디까지일까?
> 외로움과 괴로움에서 벗어날 수 있는 최선이 기도일까?

5. 손우물(한 줄 기도)

> 제가 너무 힘들어할 일이 제게 없게 해주십시오.

6. 나비물(말씀의 실천)

> 원수를 사랑으로 갚기, 사랑으로 갈등 녹이기.(사도행전 7:9-16)

7. 하늘바라기
　　(오늘의 중보기도)

> 부모와 자식, 남편과 아내, 친구와 이웃, 깨어진 관계로 힘들어하는
> 이들을 위로하소서. 상처 위에 새살 돋듯 관계가 회복되게 하소서.

8. 도래샘(삶 돌아보기)　　모기야 미안하다

너만 보면 손에 힘부터 들어가니

- 미안함

년　월　일　요일

1. 오늘의 성서일과

2. 꽃물(말씀 새기기)

3. 마중물(말씀 묵상)

4. 두레박(질문)

5. 손우물(한 줄 기도)

6. 나비물(말씀의 실천)

7. 하늘바라기
　　(오늘의 중보기도)

두고두고 가슴에 새겨야 할

1. 오늘의 성서일과　시편 25:1-10　　　　　　　*시편 82*
레위기 19:1-4, 32-37　　　　*아모스 2:12-3:8*
요한복음 3:16-21

2. 꽃물(말씀 새기기)

하나님께서 세상을 이처럼 사랑하셔서 외아들을 주셨으니, 이는 그를 믿는 사람마다 멸망하지 않고 영생을 얻게 하려는 것이다.(요한복음 3:16)

3. 마중물(말씀 묵상)

되새김질이 필요할 때가 있다. 언제까지나 먹는 것이 필요한 것이 아니다. 내 기억이 가 닿는 한 내가 세상에 태어나서 가장 먼저 마음에 새긴 말씀은 요한복음 3장 16절이었다. 말씀이 노래가 될 수 있다는 것을 일러준 것도 그 말씀이었다. 많은 말씀이 필요한 것이 아니다. 두고두고 가슴에 새겨야 할, 무슨 일이 있어도 지워지지 않을 한 말씀이 필요하다. 오늘은 요한복음 3장 16절, 한 말씀을 새기고 또 새겨야겠다.

4. 두레박(질문)

믿지 않는 사람은 이미 심판을 받았다는 말씀은 무슨 뜻일까?
믿음의 범위는 어디까지일까?

5. 손우물(한 줄 기도)

주님 오신 뜻을 늘 마음에 품고 살게 해주십시오.

6. 나비물(말씀의 실천)

어른들 공경하기, 부모님과 교회의 어르신들에게 고마운 마음 표하기.(레위기 19:1-4, 32-37)

7. 하늘바라기
　　(오늘의 중보기도)

우리의 삶이 영원한 시간과 연결되어 있음을 아직 모르는 이들을 불쌍히 여기소서. 예수님을 한 성인으로만 생각하는 이들의 마음 문을 열어 주소서.

8. 도래샘(삶 돌아보기)　웃음 아래 고인 눈물을 헤아리는 일은
천 길 물을 긷는 일보다 어려워라

- 눈물

1. 오늘의 성서일과

2. 꽃물(말씀 새기기)

3. 마중물(말씀 묵상)

4. 두레박(질문)

5. 손우물(한 줄 기도)

6. 나비물(말씀의 실천)

7. 하늘바라기
   (오늘의 중보기도)

드러나다와 드러내다

1. 오늘의 성서일과   신명기 30:9-14, 시편 25:1-10   *아모스 7:7-17*
                     골로새서 1:1-14   *시편 82*
                     누가복음 10:25-37

2. 꽃물(말씀 새기기)

> 어떤 율법교사가 일어나서, 예수를 시험하여 말하였다. "선생님, 내가 무엇을 해야 영생을 얻겠습니까?"(누가복음 10:25)

3. 마중물(말씀 묵상)

> '드러나다'와 '드러내다'는 다르다. 몰래 까치발을 드는 것은 드러내는 것이다. 정직하게 돌아보면 믿음으로 나를 드러내려는 경우가 얼마나 많은가? 믿음으로 나를 돋보이게 하려는 유혹은 얼마나 강한가? 믿음으로 누군가를 이기려는 욕망은 얼마나 은밀한가? 영생에 대한 질문을 시험하려고 묻다니, 그것도 율법교사가. 얼마든지 그러기가 쉬운 일, 나를 돌아볼 일이다.

4. 두레박(질문)

> 오늘 교회가, 기독교가 주님께 던지는 질문에도 한계가 있는 것은 아닐까? '네가 아는 말씀을 그대로 행하라, 그리하면 살 것이다'라는 대답 속에, 우리가 무시하고 있는 부분은 무엇일까?

5. 손우물(한 줄 기도)

> 아는 것과 행하는 것 사이의 간극을 좁히게 해주십시오.

6. 나비물(말씀의 실천)

> 하나님의 말씀을 내 입과 마음에 두기, 가장 가까운 곳에 말씀 모시고 살기.(신명기 30:9-14)

7. 하늘바라기
   (오늘의 중보기도)

> 이 땅의 교회가, 이 땅의 그리스도인들이 말씀과 행함 사이의 거리를 지우게 하소서. 얼마나 까마득히 멀어져 있는지를 먼저 깨닫고 인정하게 하소서. 또한 사람의 율법교사가 되지 않게 하소서.

8. 도래샘(삶 돌아보기)   모순되어 아름다운 말
                               여백으로 채우다

                               -여백

1. 오늘의 성서일과

2. 꽃물(말씀 새기기)

3. 마중물(말씀 묵상)

4. 두레박(질문)

5. 손우물(한 줄 기도)

6. 나비물(말씀의 실천)

7. 하늘바라기
　　(오늘의 중보기도)

사람을 차별하지 말라

1. 오늘의 성서일과　　시편 25:11-20　　　　　　*시편 7*

　　　　　　　　　　　　욥기 24:1-8　　　　　　　*아모스 3:9-4:5*

　　　　　　　　　　　　야고보서 2:1-7

2. 꽃물(말씀 새기기)

나의 형제자매 여러분, 여러분은 영광의 우리 주 예수 그리스도를 믿고 있으니, 사람을 차별하여 대하지 마십시오.(야고보서 2:1)

3. 마중물(말씀 묵상)

《어린왕자》에 따르면 같은 과학자가 같은 내용을 말해도 그의 말이 거절되기도 하고 받아들여지기도 한다. 이유는 한 가지였다. 그가 입은 옷 때문이었다. 그럴듯한 옷을 입자 신뢰했던 것이다. 교회 안에 존재하는 차별은 얼마나 많은 걸까? 화려한 옷을 입은 사람이 금반지를 끼고 들어오고, 남루한 옷을 입은 가난한 사람도 들어왔을 때, 그들을 바라보는 시선과 대하는 태도가 같기란 불가능에 가깝다. 온갖 차별이 사라진 곳이 예배의 자리일 텐데도.

4. 두레박(질문)

교회 안에 존재하는 차별에는 어떤 것이 있을까?

사람을 차별하지 않기 위해서는 어떤 기준이 필요할까?

5. 손우물(한 줄 기도)

사람을 차별하지 않도록 나를 훈련하게 해주십시오.

6. 나비물(말씀의 실천)

고아의 나귀를 강제로 끌어가지 않기, 과부의 소를 끌어가지 않기, 말과 행동에서 잔인함을 버리기.(욥기 24:1-8)

7. 하늘바라기
　(오늘의 중보기도)

남녀, 빈부, 피부색, 신앙 유무, 온갖 이유로 차별받는 모든 이들에게 참 자유를 주셔서, 맘껏 숨 쉬고 자유롭게 살게 하소서.

8. 도래샘(삶 돌아보기)　더딘 걸음이 정직한 거라고

바른 거라고

- 더딘 걸음

1. 오늘의 성서일과

2. 꽃물(말씀 새기기)

3. 마중물(말씀 묵상)

4. 두레박(질문)

5. 손우물(한 줄 기도)

6. 나비물(말씀의 실천)

7. 하늘바라기
   (오늘의 중보기도)

가난하더라도

1. 오늘의 성서일과   시편 25:11-20   *시편 7*
                     잠언 19:1-17   *아모스 4:6-13*
                     요한일서 3:11-17

2. 꽃물(말씀 새기기)   가난하면 친척도 그를 싫어하는데, 하물며 친구가 그를 멀리하지 않
                     겠느냐? 뒤따라가며 말을 붙이려 하여도, 아무런 소용이 없다.(잠언
                     19:7)

3. 마중물(말씀 묵상)   가난이 얼마나 서럽고 불편하고 고통스러운 것인지는 겪어본 사람이
                     안다. 친척도 싫어하고 친구도 멀리한다. 가난한 이가 가까이 다가오
                     면 말도 못 꺼내게 방어한다. 쌀독에 쌀이 떨어져 가는데 돈벌이를 못
                     하는 가장은 고개를 들지 못한다. 이런 세상 속에서 자발적 가난은 어
                     떤 의미를 갖는 것일까? 원칙을 지키며 가난함을 받아들인다는 것은
                     어떤 가치가 있는 것일까?

4. 두레박(질문)   오늘날에도 청빈은 가치가 있는 것일까?
                     떳떳하지 못한 소유가 빈약한 존재를 가릴 수 있는 것일까?

5. 손우물(한 줄 기도)   고통스러워도 자발적 가난을 선택하게 해주십시오.

6. 나비물(말씀의 실천)   하나님께 시간과 물질을 바친다는 이유로 형제의 어려움을 외면하지
                     않기.(요한일서 3:11-17)

7. 하늘바라기   가난하다는 이유로 사랑하는 사람들로부터 거리를 두고 살아가는 이
   (오늘의 중보기도)   들을 위로하소서. 마음을 나눌 따뜻한 벗을 허락하소서.

8. 도래샘(삶 돌아보기) 설레지 않거나 두렵지 않다면
                     가지 말아야 할 길일지도 몰라

                     -길

1. 오늘의 성서일과

2. 꽃물(말씀 새기기)

3. 마중물(말씀 묵상)

4. 두레박(질문)

5. 손우물(한 줄 기도)

6. 나비물(말씀의 실천)

7. 하늘바라기
   (오늘의 중보기도)

목자 앞에서

1. 오늘의 성서일과   시편 25:11-20   *시편 7*

                                     전도서 9:13-18   *아모스 5:1-9*

                                     마태복음 25:31-46

2. 꽃물(말씀 새기기)

> 양은 그의 오른쪽에, 염소는 그의 왼쪽에 세울 것이다.(마태복음 25:33)

3. 마중물(말씀 묵상)

> 마지막 심판의 날, 주님은 구원받을 자와 멸망 당할 자를 구분하신다. 양은 오른쪽에, 염소는 왼쪽에 세우신다. 그런데 중요한 문제가 있다. 양과 염소가 어떻게 다른지 대부분의 사람들은 잘 모른다. 나도 모른다. 이 땅에서 그러했듯이 심판 날에도 그렇지 않겠는가? 하지만 분명한 사실 앞에 고개를 숙인다. 양과 염소를 가를 분은 목자시다. 목자가 어찌 양과 염소를 구분하지 못하겠는가.

4. 두레박(질문)

> 양과 염소는 무엇이 다른 것일까? 외모는 물론 성질의 차이가 무엇일까? 목자가 양과 염소를 분간할 때, 나는 어느 쪽에 서게 될까?

5. 손우물(한 줄 기도)

> 사람 앞에서가 아니라, 목자 앞에서 양이 되게 해주십시오.

6. 나비물(말씀의 실천)

> 어리석은 통치자의 고함치는 명령보다는, 지혜로운 사람의 조용한 말을 듣기.(전도서 9:13-18)

7. 하늘바라기
   (오늘의 중보기도)

> 주린 이에게 먹을 것을, 목마른 이에게 마실 것을, 나그네에게 영접을, 헐벗은 이에게 입을 것을, 병든 이에게 돌봄을, 감옥에 갇힌 이에게 관심을 기울이는, 이 땅의 교회 되게 하소서.

8. 도래샘(삶 돌아보기)   가슴에 못(鍼)으로 남는 말도 있고

                           가슴에 못(池)으로 남는 말도 있고

                           -못

1. 오늘의 성서일과

2. 꽃물(말씀 새기기)

3. 마중물(말씀 묵상)

4. 두레박(질문)

5. 손우물(한 줄 기도)

6. 나비물(말씀의 실천)

7. 하늘바라기
   (오늘의 중보기도)

어리석은 꾀

1. 오늘의 성서일과

시편 15
창세기 12:10-20
히브리서 5:1-6

시편 52
아모스 5:10-17

2. 꽃물(말씀 새기기)

그러니까 당신은 나의 누이라고 하시오. 그렇게 하여야, 내가 당신 덕분에 대접을 잘 받고, 또 당신 덕분에 이 목숨도 부지할 수 있을 거요.(창세기 12:13)

3. 마중물(말씀 묵상)

가나안 땅에 살던 아브람이 큰 기근을 피해 이집트로 내려간다. 이집트에 가까이 이르렀을 때에, 아브람이 마음속 걱정을 아내에게 털어놓는다. 이집트 사람들이 아리따운 아내를 보고 자신의 아내라는 것을 알면 자기를 죽이고 아내를 가로챌 것 같았다. 그러면서 꾀를 한 가지 내는데, 그 꾀가 가관이다. 사람들이 물으면 아브람의 누이라고 말하라는 것이다. 아내가 어찌되든 아내 덕을 보려는, 졸장부가 아닐 수 없다. 아브람의 모습이 더욱 초라하게 여겨지는 것은 지금 이 일이 아브람을 통해 큰 민족을 이루게 하겠다는 하나님의 축복을 받은 뒤 이어지는 일이기 때문이다.

4. 두레박(질문)

당시의 상황 속에서 아브람이 사라에게 한 제안은 최선이었을까? 하나님의 약속을 믿었다면 아브람의 태도는 달라야 하지 않을까?

5. 손우물(한 줄 기도)

내게 주어지는 상황보다는 하나님의 약속을 더욱 신뢰하게 해주십시오.

6. 나비물(말씀의 실천)

주님의 장막에서 살 수 있는, 주님의 거룩한 산에 머무를 수 있는 사람 되기.(시편 15)

7. 하늘바라기
　(오늘의 중보기도)

주님의 장막보다는 더 큰 아파트를 중요하게 여기는, 주님의 거룩한 산에 머물기보다는 유명 관광지를 더 좋아하는, 우리의 잘못된 관심을 바로잡아 주소서.

8. 도래샘(삶 돌아보기)

내 마지막 걸음이
부디 춤이기를

-춤

1. 오늘의 성서일과

2. 꽃물(말씀 새기기)

3. 마중물(말씀 묵상)

4. 두레박(질문)

5. 손우물(한 줄 기도)

6. 나비물(말씀의 실천)

7. 하늘바라기
　　(오늘의 중보기도)

더 많은 소유

1. 오늘의 성서일과
시편 15
창세기 13:1-18
에베소서 3:14-21

시편 52
아모스 5:18-27

2. 꽃물(말씀 새기기)

그러나 그 땅은 그들이 함께 머물기에는 좁았다. 그들은 재산이 너무 많아서, 그 땅에서 함께 머물 수가 없었다.(창세기 13:6)

3. 마중물(말씀 묵상)

아브람과 롯이 결국은 헤어진다. 아브람이 조카 롯을 '한 핏줄' '형제'라고 부르는 것을 보면, 아브람이 조카를 얼마나 사랑하는지를 느낄 수 있다. 아브람과 롯이 헤어지게 되는 이유가 뜻밖이다. 그들의 재산이 너무 많아서 그 땅에 함께 머물 수가 없었기 때문이었다. 가진 것이 많으면 더 행복하고 즐겁게 지낼 것 같은데, 아니었다. 가진 것이 많아지자 함께 머물기에는 땅이 좁았고, 종들의 다툼이 일어나기 시작했다. 더 많은 소유는 행복이 아니라, 갈등을 부른다.

4. 두레박(질문)

소유로 인해 갈등을 겪는 것은 물질이 갖는 본성인가, 인간이 갖는 본성인가?
서로 갈라서는 것 말고 다른 최선은 없었을까?

5. 손우물(한 줄 기도)

더 많은 소유보다 더 소중한 가치가 있음을 잊지 않게 해주십시오.

6. 나비물(말씀의 실천)

사랑 속에 뿌리를 박고 터를 잡기, 그리스도의 사랑의 너비와 길이와 높이와 깊이를 깨닫기.(에베소서 3:14-21)

7. 하늘바라기
　(오늘의 중보기도)

더 많은 물질을 소유하는 것을 삶의 가치로 여기는 사람들, 재산 문제로 관계가 깨어진 사람들에게 올바른 판단을 할 수 있도록 도우소서.

8. 도래샘(삶 돌아보기)

혼자라야 갈 수 있는 길이 있고
함께여야 갈 수 있는 길이 있고
- 길

1. 오늘의 성서일과

2. 꽃물(말씀 새기기)

3. 마중물(말씀 묵상)

4. 두레박(질문)

5. 손우물(한 줄 기도)

6. 나비물(말씀의 실천)

7. 하늘바라기
   (오늘의 중보기도)

말씀은 장식용이 아니다

1. 오늘의 성서일과
시편 15
창세기 14:1-16
누가복음 8:4-10

시편 52
아모스 6:1-14

2. 꽃물(말씀 새기기)

씨 뿌리는 사람이 씨를 뿌리러 나갔다. 그가 씨를 뿌리는데, 더러는 길가에 떨어지니, 발에 밟히기도 하고, 하늘의 새들이 쪼아 먹기도 하였다.(누가복음 8:5)

3. 마중물(말씀 묵상)

씨 뿌리는 사람 이야기를 들려주실 때, 저만치 어디선가 누군가 씨를 뿌리고 있지 않았을까? 그 모습을 바라보며 이 이야기를 들었다면 어려울 것이 하나도 없는 지당한 이야기가 되었을 것이다. 씨를 받는 네 가지 땅 중에서 가장 마음에 걸리는 것이 길가에 떨어진 씨앗이다. 길가에 떨어진 씨앗은 사람들의 발에 밟히기도 하고, 새들에게 쪼아 먹히기도 한다. 말씀은 장식용이 아니다. 잠깐 나를 돋보이게 하는 도구일 수 없다.

4. 두레박(질문)

좋은 땅에 떨어지는 소수의 씨앗이 나머지 씨앗의 손실을 충분히 보상할 수 있을까? 열매 맺지 못하는 씨앗 때문에 씨 뿌리는 일을 망설이거나 포기한 적은 없는가?

5. 손우물(한 줄 기도)

많은 손실에도 불구하고 씨 뿌리는 일을 포기하지 않도록 나를 붙잡아 주소서.

6. 나비물(말씀의 실천)

거친 땅일수록 눈물로 씨앗 뿌리기, 거친 땅을 포기하지 않기.

7. 하늘바라기
　　(오늘의 중보기도)

교회에 다닌다는 이유로 안심하는, 그리스도인이라는 이유로 자만하는, 오늘 이 땅의 그리스도인들의 마음을 고쳐주소서.(아모스 6:1-14)

8. 도래샘(삶 돌아보기)

혼자면 어때
구석이면 어떻고
- 꽃

1. 오늘의 성서일과

2. 꽃물(말씀 새기기)

3. 마중물(말씀 묵상)

4. 두레박(질문)

5. 손우물(한 줄 기도)

6. 나비물(말씀의 실천)

7. 하늘바라기
   (오늘의 중보기도)

잃어버린 웃음 찾기

1. 오늘의 성서일과 창세기 18:1-10a, 시편 15   *아모스 8:1-12*
　　　　　　　　　　골로새서 1:5-28   *시편 52*
　　　　　　　　　　누가복음 10:38-42

2. 꽃물(말씀 새기기)

아브라함이 말하였다. "손님들께서 저를 좋게 보시면, 이 종의 곁을 그냥 지나가지 마시기 바랍니다."(창세기 18:3)

3. 마중물(말씀 묵상)

모든 것이 밀랍 녹듯 녹아내리는 한창 더운 대낮, 자기의 장막 어귀에 앉아 있던 아브라함이 지나가는 나그네를 본다. 모르는 사람들, 빙긋 웃으며 인사를 나누면 그만인 상황이었다. 그런데 아브라함은 달랐다. 그들을 보자 달려 나가 땅에 엎드려서 절을 한다. 그리고는 애원을 하듯이 그들을 자기 집에 초대를 하여 극진하게 대접을 한다. 대접하는 모습에선 큰 즐거움이 묻어난다. 우리는 알지만 아브라함이 까마득히 모르는 것이 있다. 그들은 천사였다. 잃어버린 웃음(이삭)은 그렇게 찾을 수 있었다.

4. 두레박(질문)

지나가는 나그네가 천사라는 걸 알았다면 아브라함은 어떻게 했을까? 잃어버린 웃음을 되찾을 수 있는 길은 어디에 있을까?

5. 손우물(한 줄 기도)

특별한 일이 아닌 사소한 일에서 주님을 만나게 해주십시오.

6. 나비물(말씀의 실천)

집중해서 말씀 듣기, 집중해서 말씀 읽기.(누가복음 10:38-42)

7. 하늘바라기
　(오늘의 중보기도)

믿음과 일상이 분리된 이들을 긍휼히 여겨주소서. 일상의 삶 속에서 주님을 만나게 하소서.

8. 도래샘(삶 돌아보기)　집으로 돌아오는 분주한 발길
　　　　　　　　　　　　저녁상을 차리는 분주한 손길
　　　　　　　　　　　　- 사랑

1. 오늘의 성서일과

2. 꽃물(말씀 새기기)

3. 마중물(말씀 묵상)

4. 두레박(질문)

5. 손우물(한 줄 기도)

6. 나비물(말씀의 실천)

7. 하늘바라기
   (오늘의 중보기도)

나에게 주신 재능으로

1. 오늘의 성서일과   시편 119:97-104   *시편 119:17-32*
                        출애굽기 18:1-12   *아모스 7:1-6*
                        골로새서 1:27-2:7

2. 꽃물(말씀 새기기)

내가 주님의 법을 얼마나 사랑하는지, 온종일 그것만을 깊이 생각합니다.(시편 119:97)

3. 마중물(말씀 묵상)

시를 좋아하는 목사, 언젠가 교우로부터 들었던 말이다. 두 가지 의미로 들린다. 말씀만 좋아하면 되는데 시까지 좋아하는, 시를 통해 말씀에 다가서는. 시편은 히브리 시인들의 노래가 담긴 책이다. 특별히 시편 119편은 시인의 능력이 한껏 발휘된 시다. 히브리어 알파벳을 따라 믿음을 고백하며 문학적 능력을 마음껏 사용한다. 시(詩)는 말씀(言)의 사원(寺), 침묵을 지향하여 군더더기를 버리고 생각을 벼린다. 시의 창으로 말씀을 사랑할 것.

4. 두레박(질문)

말씀과 시를 별개로 보는 이유는 무엇일까?
시 공부를 하면 말씀이 새롭게 다가오지 않을까?

5. 손우물(한 줄 기도)

그것이 무엇이든 나에게 주신 재능으로 주님을 노래하게 해주십시오.

6. 나비물(말씀의 실천)

마음을 담은 '어느 날의 기도'를 성실히 쓸 것.

7. 하늘바라기
   (오늘의 중보기도)

멀리 떨어져 지내는 이들이 사랑으로 결속되어 마음에 격려를 받고, 깨달음에서 생기는 충만한 확신의 모든 풍요에 이르고, 하나님의 비밀인 그리스도를 온전히 알게 하소서.(골로새서 1:27-2:7)

8. 도래샘(삶 돌아보기)

오래 기다리는 것이
아름다운 일이라고

- 오래

1. 오늘의 성서일과

2. 꽃물(말씀 새기기)

3. 마중물(말씀 묵상)

4. 두레박(질문)

5. 손우물(한 줄 기도)

6. 나비물(말씀의 실천)

7. 하늘바라기
   (오늘의 중보기도)

사랑의 완성

1. 오늘의 성서일과

시편 119:97-104

잠언 9:1-18

요한일서 2:1-6

시편 119:17-32

아모스 8:13-9:4

2. 꽃물(말씀 새기기)

그러나 누구든지 하나님의 말씀을 지키면, 그 사람 속에서는 하나님께 대한 사랑이 참으로 완성됩니다. 이것으로 우리가 하나님 안에 있음을 압니다.(요한일서 2:5)

3. 마중물(말씀 묵상)

누군가를 사랑하면 그가 좋아하는 일을 하게 된다. 진심으로 사랑하면 사랑할수록 사랑하는 사람의 말을 허투루 듣지 않는다. 사소한 말 한 마디도 귀담아 듣고, 정성을 담아 지키려고 한다. 억지로 하는 것도 아니고, 불평하면서 하는 것도 아니다. 오히려 사랑하는 사람의 말을 지킴으로 큰 기쁨을 느낀다. 우리가 하나님을 사랑한다면 하나님의 말씀을 지키는 것이 당연하다. 하나님께 대한 사랑은 말로 완성되는 것이 아니다. 말씀을 지키는 삶을 통해 완성된다. 그때 우리는 우리가 하나님 안에 있음을 알게 된다.

4. 두레박(질문)

하나님께 대한 사랑의 완성을 우리는 어디에서 찾고 있을까?

우리가 하나님 안에 있음을 아는 순간은 어느 때일까?

5. 손우물(한 줄 기도)

말씀을 지킴으로 우리가 하나님 안에 있음을 알게 해주십시오.

6. 나비물(말씀의 실천)

거만한 사람을 훈계하지 말기, 사악한 사람을 책망하지 말기.(잠언 9:1-18)

7. 하늘바라기
   (오늘의 중보기도)

거만하고 사악한 자들로 힘들어하는 이들을 위로하소서. 거만하고 사악한 자가 힘을 갖지 못하게 하소서.

8. 도래샘(삶 돌아보기)

심장을 바치는 것이 신앙이라는데

심장의 안녕을 빌 뿐인

- 초라함

1. 오늘의 성서일과

2. 꽃물(말씀 새기기)

3. 마중물(말씀 묵상)

4. 두레박(질문)

5. 손우물(한 줄 기도)

6. 나비물(말씀의 실천)

7. 하늘바라기
   (오늘의 중보기도)

살아있는 빵

1. 오늘의 성서일과
시편 119:97-104
신명기 12:1-12
요한복음 6:41-51

시편 119:17-32
아모스 9:5-15

2. 꽃물(말씀 새기기)

나는 하늘에서 내려온 살아 있는 빵이다. 이 빵을 먹는 사람은 누구나 영원히 살 것이다. 내가 줄 빵은 나의 살이다. 그것은 세상에 생명을 준다.(요한복음 6:51)

3. 마중물(말씀 묵상)

콩알 하나가 귀를 막아도 천둥소리를 듣지 못한다. 한 꺼풀 눈꺼풀이 덮이면 아름다운 세상을 아름답게 보지 못한다. 예수님에 대한 어설픈 선입견이 예수님을 제대로 보지 못하게 한다. 자신이 하늘에서 내려온 살아 있는 빵이라니, 이 빵을 먹는 사람은 누구나 영원히 살 수 있다니 말이다. 내가 줄 빵은 나의 살이라는 말은 끔찍했다. 자기 살이 빵이라니, 살을 먹으라는 얘긴가, 받아들일 수가 없었다. 삶을 걸고 하신 말씀을 도무지 알아듣지를 못한다.

4. 두레박(질문)

오래두면 썩는 것이 빵, 살아 있는 빵이라는 말을 우리는 이해할 수 있을까? 내 살이 내가 줄 빵이라는 말 속에는 십자가의 아픔이 고스란히 담긴 건 아닐까?

5. 손우물(한 줄 기도)

썩을 빵이 아니라 살아 있는 빵을 먹게 해주십시오.

6. 나비물(말씀의 실천)

하나님을 닮았지만 하나님 아닌 것 구분하여 버리기.(신명기 12:1-12)

7. 하늘바라기
   (오늘의 중보기도)

하나님 아닌 것을 하나님처럼 섬기며 따르는 이들이 하나님 앞으로 나아오게 하소서. 하나님을 내 삶의 목적이자 중심으로 삼게 하소서.

8. 도래샘(삶 돌아보기)
세상을 너무 넓게만 보았어
내 삶을 너무 좁게만 보았어

- 어리석음

1. 오늘의 성서일과

2. 꽃물(말씀 새기기)

3. 마중물(말씀 묵상)

4. 두레박(질문)

5. 손우물(한 줄 기도)

6. 나비물(말씀의 실천)

7. 하늘바라기
   (오늘의 중보기도)

쇠를 삼키는 녹

1. 오늘의 성서일과

시편 138
에스더 2:19-3:6
사도행전 1:15-20

시편 85
호세아 4:1-19

2. 꽃물(말씀 새기기)

그는 우리 가운데 한 사람으로서, 이 직무의 한 몫을 맡았습니다.(사도행전 1:17)

3. 마중물(말씀 묵상)

녹은 쇠에서 나와 마침내 쇠를 삼킨다. 쇠를 삼키는 것이 쇠에서 나온다. 가룟인 유다를 생각하면 마음이 조심스럽다. 예수님과 아무 상관이 없는 사람이 예수님을 배반한 것이 아니었다. 가장 가까이 있던 사람이었고, 신뢰를 받던 사람이었다. 다른 제자들과 멍에를 함께 메던 사람이었다. 가장 가까운 사람의 배반이 가장 아프다.

4. 두레박(질문)

가룟 유다는 왜 예수님을 팔 생각을 했을까?
잘못된 소유가 결국 '아겔다마'(피의 땅)가 된다는 것을 왜 우리는 모르는 걸까?

5. 손우물(한 줄 기도)

나로부터 시작되는 것이 부디 선한 것이 되게 해주십시오.

6. 나비물(말씀의 실천)

모르드개처럼 무릎 꿇지 말아야 할 것 앞에 무릎 꿇지 않기, 절하지 말아야 할 것 앞에 절하지 않기.(에스더 2:19-3:6)

7. 하늘바라기
  (오늘의 중보기도)

잘못된 것 앞에 무릎을 꿇고, 허망한 것 앞에 절하는 모든 이들을 일으켜 주소서.

8. 도래샘(삶 돌아보기)

저는 다만 기다릴 뿐입니다
당신이 오실 때까지

- 의자

1. 오늘의 성서일과

2. 꽃물(말씀 새기기)

3. 마중물(말씀 묵상)

4. 두레박(질문)

5. 손우물(한 줄 기도)

6. 나비물(말씀의 실천)

7. 하늘바라기
   (오늘의 중보기도)

인간의 어리석음마저 사용하시는

1. 오늘의 성서일과   시편 138   *시편 85*

                              에스더 3:7-15   *호세아 5:1-15*

                              사도행전 2:22-36

2. 꽃물(말씀 새기기)

이 예수께서 버림을 받으신 것은 하나님이 정하신 계획을 따라 미리 알고 계신 대로 된 일이지만, 여러분은 그를 무법자들의 손을 빌어서 십자가에 못 박아 죽였습니다.(사도행전 2:23)

3. 마중물(말씀 묵상)

하나님의 뜻은 하나님이 정하신 대로 이루어진다. 하나님이 정한 때에, 하나님의 방법으로 이루어진다. 하나님이 하시고자 하는 일을 막을 수 있는 것은 세상에 그 무엇도 없다. 세상의 어떤 강대국도, 어떤 힘 있는 자도 하나님의 뜻을 막거나 바꿀 수 없다. 그런데 인간이 어리석음을 범한다. 내가 옳다는 생각으로 하나님의 뜻을 거역한다. 인간의 어리석음마저 당신의 뜻을 이루는 한 과정으로 사용하시는 것이 하나님의 뜻이지만.

4. 두레박(질문)

누군가의 잘못으로 하나님의 뜻이 이루어지는 경우는 어떤 경우일까? 어리석음마저 도구로 쓰시는 하나님 앞에 우리는 무조건 감사를 드려야 할까?

5. 손우물(한 줄 기도)

우리의 어리석음까지 사용하시는 주님, 주님만이 합력하여 선을 이루십니다.

6. 나비물(말씀의 실천)

잘못된 권력욕을 모두 내려놓기.(에스더 3:7-15)

7. 하늘바라기
(오늘의 중보기도)

잘못된 욕심에 사로잡힌 모든 힘 있는 자들을 바로잡아 주소서.

8. 도래샘(삶 돌아보기)

같은 날 왔으니

같은 날 가자고

-낙엽

1. 오늘의 성서일과

2. 꽃물(말씀 새기기)

3. 마중물(말씀 묵상)

4. 두레박(질문)

5. 손우물(한 줄 기도)

6. 나비물(말씀의 실천)

7. 하늘바라기
   (오늘의 중보기도)

잠든 주님

1. 오늘의 성서일과

2. 꽃물(말씀 새기기)

배를 저어 가고 있을 때에 예수께서는 잠이 드셨다. 그런데 사나운 바람이 호수로 내리 불어서, 배에 물이 차고, 그들은 위태롭게 되었다.(누가복음 8:23)

3. 마중물(말씀 묵상)

정말로 힘든 일을 만났을 때, 야속하게 여겨지는 것이 있다. 힘든 일도 힘든 일이지만, 내 곁에 아무도 없다는 사실을 확인하게 될 때다. 내가 얼마나 힘든지 내 마음을 아는 이도 없고, 얼마나 힘드냐고 위로할 자도 없고, 내 손을 잡거나 도와줄 사람 아무도 없을 때, 우리는 낙담하게 된다. 믿음을 가진 이들도 다르지 않다. 큰 풍랑이 닥쳐 죽을 것 같은데, 주님이 보이지 않는다. 애써 찾았더니 주무시고 계신다. 고난 한복판 우리가 주님을 깨울 때까지 주님은 주무시고 계신다.

4. 두레박(질문)

풍랑 속에서 단잠을 잘 수 있는 비결은 무엇일까?
잠든 예수님을 보았을 때 제자들의 심정은 어땠을까?

5. 손우물(한 줄 기도)

폭풍 속에서도 단잠에 들 수 있는, 당신을 닮게 해주십시오.

6. 나비물(말씀의 실천)

에스더처럼 모두를 살리는 일에 용기를 갖기.(에스더 4:1-17)

7. 하늘바라기
　(오늘의 중보기도)

자기 자신의 이익과 명예보다도 모두를 살리는 일에 자신을 바치는 이들을 주님께서 지켜주소서.

8. 도래샘(삶 돌아보기)　이왕 할 멀미라면
어질어질 꽃멀미를

- 꽃멀미

1. 오늘의 성서일과

2. 꽃물(말씀 새기기)

3. 마중물(말씀 묵상)

4. 두레박(질문)

5. 손우물(한 줄 기도)

6. 나비물(말씀의 실천)

7. 하늘바라기
   (오늘의 중보기도)

계란과 전갈

1. 오늘의 성서일과 창세기 18:20-32, 시편 138 　　　*호세아 1:2-10*
　　　　　　　　　　골로새서 2:6-15,(16-19) 　　*시편 85*
　　　　　　　　　　누가복음 11:1-13

2. 꽃물(말씀 새기기)

달걀을 달라고 하는데 전갈을 줄 사람이 어디에 있겠느냐?(누가복음 11:12)

3. 마중물(말씀 묵상)

전갈은 죽음을 상징한다. 예수님도 전갈을 악한 것과 악마적인 것의 상징으로 사용했다. "내가 너희에게 뱀과 전갈을 밟고 원수의 모든 힘을 억누르는 권한을 주었다. 이제 아무것도 너희를 해치지 못할 것이다"(누가복음 10:19). 전갈은 육식성으로 주로 무척추동물을 잡아먹는데, 때로는 작은 척추동물을 잡아먹기도 한다. 전갈은 자신의 집게로 먹잇감을 잡고 독침으로 찔러 죽인다. 달걀을 달라고 하는 아들에게 전갈을 내줄 아버지는 세상에 없다. 당연히 하나님도 그런 분이 아니시다.

4. 두레박(질문)

생선 대신에 뱀을 달걀 대신 전갈을 줄 부모는 없다. 세상의 부모도 그런데 어찌 기도하는 이가 하나님이 그러하실까 걱정하는 것일까?

5. 손우물(한 줄 기도)

넉넉히 응답하시는 하나님 사랑을 신뢰하게 해주십시오.

6. 나비물(말씀의 실천)

소돔을 위하여 매달리기.(창세기 18:20-32)

7. 하늘바라기
　　(오늘의 중보기도)

곧 다가올 일을 알지 못한 채 여전히 소돔에 머무는 이들을 불쌍히 여기소서.

8. 도래샘(삶 돌아보기)　말을 삼가고 발을 삼가면
　　　　　　　　　　　　원근법에서 벗어날까

　　　　　　　　　　　　- 원근법

1. 오늘의 성서일과

2. 꽃물(말씀 새기기)

3. 마중물(말씀 묵상)

4. 두레박(질문)

5. 손우물(한 줄 기도)

6. 나비물(말씀의 실천)

7. 하늘바라기
   (오늘의 중보기도)

어리석은 자랑

1. 오늘의 성서일과   시편 55:16-23   *시편 44*
에스더 5:1-14   *호세아 2:14-3:5*
골로새서 2:16-3:1

2. 꽃물(말씀 새기기)

하만은 덧붙여서 말하였다. "그것뿐인 줄 아는가? 에스더 왕후께서 차린 잔치에 임금님과 함께 초대받은 사람은 나 하나밖에 없다네. 왕후께서는 내일도 임금님과 함께 오라고 나를 초대하셨다네."(에스더 5:12)

3. 마중물(말씀 묵상)

어리석은 이는 자신의 어리석음을 자랑한다. 어리석음이 그의 눈에는 꽤나 그럴 듯해 보이기 때문이다. 왕후의 초대를 받은 것을 하만은 흐뭇한 마음으로 집에 돌아와 아내와 친구들에게 자랑한다. 자신이 왕후의 특별한 초대를 받은 대단한 존재라는 것을 감출 수가 없었다. 하만은 자신을 기다리고 있는 것이 죽음이라는 것을 까마득히 모른다. 우쭐함으로 넘어지는 이가 어찌 하만뿐일까?

4. 두레박(질문)

우쭐함으로 넘어진 사람 중에는 누가 있을까?
발뒤꿈치를 들지 않는 마음은 어떻게 지켜질 수 있을까?

5. 손우물(한 줄 기도)

우쭐함에 붙잡혀 넘어지는 일이 없도록 도와주십시오.

6. 나비물(말씀의 실천)

환상에 도취되거나, 육신의 생각으로 터무니없이 교만을 부리지 않기.(골로새서 2:16-3:1)

7. 하늘바라기
   (오늘의 중보기도)

자신의 이름과 정체성을 잃어버린 채 살아가는 이들을 사랑을 담아 다가가게 하소서.

8. 도래샘(삶 돌아보기)   말씀을 적는 노트 위로 쏟아지는 햇살
보태시는 은총

- 은총

1. 오늘의 성서일과

2. 꽃물(말씀 새기기)

3. 마중물(말씀 묵상)

4. 두레박(질문)

5. 손우물(한 줄 기도)

6. 나비물(말씀의 실천)

7. 하늘바라기
   (오늘의 중보기도)

잘못된 열정

1. 오늘의 성서일과　　시편 55:16-23　　　　　　*시편 44*
　　　　　　　　　　　　에스더 6:1-7:6　　　　　　*호세아 6:1-10*
　　　　　　　　　　　　로마서 9:30-10:4

2. 꽃물(말씀 새기기)

> 나는 증언합니다. 그들은 하나님을 섬기는 데 열성이 있습니다. 그러
> 나 그 열성은 올바른 지식에서 생긴 것이 아닙니다.(로마서 10:2)

3. 마중물(말씀 묵상)

> 신앙인들이 빠지기 쉬운 함정이 있다. 흔하게 빠지지만 치명적인 함
> 정이다. 그 함정이란 내 생각이 옳다는 확신이다. 성경을 알고, 기도
> 를 하고, 성령이 내 안에 거하신다는 생각으로 자신의 생각을 주님의
> 뜻과 동일시한다. 그러니 나는 옳고 나와 다른 생각을 가지고 있는 이
> 는 틀릴 수밖에 없다. 아무리 숫자가 늘어난다고 해도 숫자 앞에 마이
> 너스 표시가 있다면 늘어나는 만큼 줄어드는 것이다. 잘못된 열정은
> 열정을 내는 만큼 위험하다.

4. 두레박(질문)

> 잘못된 열정으로 잘못된 결과를 만드는 경우는 얼마나 많은가?
> 열정이 있다는 이유로 다른 것을 무시하는 것은 얼마나 위험한가?

5. 손우물(한 줄 기도)

> 잘못된 열정을 구분하여 다스릴 줄 아는 지혜를 주소서.

6. 나비물(말씀의 실천)

> 세상이 나를 알아주지 않는다고 힘들어 하지 않기.(에스더 6:1-7:6)

7. 하늘바라기
　　(오늘의 중보기도)

> 잘못된 열정에 붙잡혀 많은 이들을 힘들게 하는 이들을 바로잡아 주
> 소서.

8. 도래샘(삶 돌아보기)　　내가 견딘 만큼이
　　　　　　　　　　　　　　누군가에겐 밥이 되고

　　　　　　　　　　　　　　-까치밥

1. 오늘의 성서일과

2. 꽃물(말씀 새기기)

3. 마중물(말씀 묵상)

4. 두레박(질문)

5. 손우물(한 줄 기도)

6. 나비물(말씀의 실천)

7. 하늘바라기
   (오늘의 중보기도)

어렵게 열리는 좁은 문

1. 오늘의 성서일과
시편 55:16-23
에스더 7:7-8:17
마태복음 5:43-48

시편 44
호세아 6:11-7:16

2. 꽃물(말씀 새기기)

그래야만 너희가 하늘에 계신 너희 아버지의 자녀가 될 것이다. 아버지께서는, 악한 사람에게나 선한 사람에게나 똑같이 해를 떠오르게 하시고, 의로운 사람에게나 불의한 사람에게나 똑같이 비를 내려주신다.(마태복음 5:45)

3. 마중물(말씀 묵상)

우리의 기준은 주변 사람들이 아니다. 주변 사람들보다 조금 더 나은 사람이 되는 것이 신앙의 목표일 수 없다. 그러면 우쭐하게 되고, 정죄하게 된다. 예수님이 정한 기준이 있다. '하늘에 계신 너희 아버지께서 완전하신 것 같이, 너희도 완전하라'는 것이다. 기준을 하늘 아버지로 삼을 때 자격 없는 내가 보이고, 두려워 떨게 된다. 원수를 사랑하고 박해하는 사람을 위하여 기도하는 일은 쉽게 할 수 있는 일이 아니다. 기준을 하늘 아버지로 삼을 때 어렵게 열리는 좁은 문이다.

4. 두레박(질문)

원수를 사랑하는 일이 정말로 가능할까?
나는 내 삶의 기준을 어디에 두고 있는가? 다른 사람들인가, 하늘 아버지인가?

5. 손우물(한 줄 기도)

내 삶의 기준을 다른 사람에게 두지 않게 해주십시오.

6. 나비물(말씀의 실천)

속이지 않기, 도둑질하지 않기, 떼지어 약탈하지 않기.(호세아 6:11-7:16)

7. 하늘바라기
(오늘의 중보기도)

곳곳에서 횡행하는 속임과 도적질과 약탈을 어서 멈추게 하소서.

8. 도래샘(삶 돌아보기)

촛불이 환한 것은
태운 만큼 꿈꾸기 때문

-촛불

1. 오늘의 성서일과

2. 꽃물(말씀 새기기)

3. 마중물(말씀 묵상)

4. 두레박(질문)

5. 손우물(한 줄 기도)

6. 나비물(말씀의 실천)

7. 하늘바라기
   (오늘의 중보기도)

더듬어도 찾을 수 없는

1. 오늘의 성서일과   시편 49:1-12   *시편 107:1-9, 43*

                              잠언 23:1-11   *호세아 8:1-14*

                              로마서 11:33-36

2. 꽃물(말씀 새기기)

하나님의 부유하심은 어찌 그리 크십니까? 하나님의 지혜와 지식은 어찌 그리 깊고 깊으십니까? 그 어느 누가 하나님의 판단을 헤아려 알 수 있으며, 그 어느 누가 하나님의 길을 더듬어 찾아낼 수 있겠습니까?(로마서 11:33)

3. 마중물(말씀 묵상)

하나님은 말 너머에 계시는 분, 인간의 말에 갇히는 분이 아니시다. 우리가 하나님 앞에 할 수 있는 일은 질문과 떨림과 감탄뿐일지도 모른다. 아무리 하나님에 대해 멋진 말을 해도, 하나님은 갇히지 않으신다. 하나님은 우리보다 무한히 크시다. 더듬거려도 인간은 하나님의 길을 찾을 수가 없다. 하나님 앞에서 질문과 떨림과 감탄을 잃어버린 믿음은 온전한 믿음일 수 없다.

4. 두레박(질문)

인간의 말에 갇히지 않는 하나님을 말로써 설명하는 일은 어디까지 가능할까? 질문과 떨림과 감탄을 잃어버린 믿음과 확고한 믿음과는 어떤 차이가 있을까?

5. 손우물(한 줄 기도)

주님 앞에 질문과 떨림과 감탄을 잃어버리지 않게 해주십시오.

6. 나비물(말씀의 실천)

음식에 욕심을 내지 말기, 한순간에 없어질 재물을 주목하지 말기, 미련한 귀에 아무 말도 하지 말기.(잠언 23:1-11)

7. 하늘바라기
    (오늘의 중보기도)

재물을 의지하는 자들과 돈을 자랑하는 자들이 하나님을 의지하게 하소서.

8. 도래샘(삶 돌아보기)

헛되고 헛되고 헛되어라
헛되지 않다 위로하는 것들까지
- 헛됨

1. 오늘의 성서일과

2. 꽃물(말씀 새기기)

3. 마중물(말씀 묵상)

4. 두레박(질문)

5. 손우물(한 줄 기도)

6. 나비물(말씀의 실천)

7. 하늘바라기
   (오늘의 중보기도)

재난을 당했을 때 약해지는 것은

1. 오늘의 성서일과 시편 49:1-12   *시편 107:1-9, 43*
                                잠언 24:1-12   *호세아 9:1-17*
                                에베소서 4:17-24

2. 꽃물(말씀 새기기)

> 재난을 당할 때에 낙심하는 것은, 너의 힘이 약하다는 것을 드러내는
> 것이다.(잠언 24:10)

3. 마중물(말씀 묵상)

> 발밑이 꺼지는 것은 겨울철 얼음장만이 아니다. 마음이 그럴 때가 있
> 다. 감당할 수 없는 재난이 찾아오면 누구의 마음이라도 약해지고 금
> 이 가고 깨어진다. 그런 자신의 모습을 바라보면 낙심하게 된다. 나를
> 찾아온 환난은 너무나도 큰데 그 앞의 나는 터무니없이 작고 약하게
> 보일 때가 있으니 한숨이 절로 나온다. 재난을 당할 때에 낙심하는 것
> 은 인간적이지만, 신앙적이지는 않다. 나의 힘이 약하다는 것을 드러
> 낼 뿐이다.

4. 두레박(질문)

> 유무형의 재난 앞에 낙심하지 않을 수 있는 길은 어디에 있을까?
> 나의 한계를 인정하는 것이 기도와 신앙의 출발선이 아닐까?

5. 손우물(한 줄 기도)

> 재난을 당할 때 낙심보다 더 크신 주님의 손을 잡게 해주십시오.

6. 나비물(말씀의 실천)

> 내 안의 허망한 생각 버리기.(에베소서 4:17-24)

7. 하늘바라기
   (오늘의 중보기도)

> 온 나라 백성이 하나님의 말씀을 듣게 하소서.(시편 107:1-9, 43)

8. 도래샘(삶 돌아보기) 안으로 견딘 나이테만큼이나
                                견고한 슬픔도 있어

                                -슬픔

1. 오늘의 성서일과

2. 꽃물(말씀 새기기)

3. 마중물(말씀 묵상)

4. 두레박(질문)

5. 손우물(한 줄 기도)

6. 나비물(말씀의 실천)

7. 하늘바라기
    (오늘의 중보기도)

한 가지 부족한 것

1. 오늘의 성서일과
시편 49:1-12
전도서 1:1-11
마가복음 10:17-22

시편 107:1-9, 43
호세아 10:1-15

2. 꽃물(말씀 새기기)

예수께서 그를 눈여겨보시고, 사랑스럽게 여기셨다. 그리고 그에게 말씀하셨다. "너에게는 한 가지 부족한 것이 있다. 가서, 네가 가진 것을 다 팔아서, 가난한 사람들에게 주어라. 그리하면, 네가 하늘에서 보화를 차지하게 될 것이다. 그리고, 와서, 나를 따라라."(마가복음 10:21)

3. 마중물(말씀 묵상)

아무리 다른 것을 다 갖춰도, 한 가지가 없으면 아무 소용이 없는 것이 있다. 다른 것을 충분히 갖췄다고 해도 그 한 가지가 없으면 아무 의미가 없는 일들이 있다. 결혼준비를 다 했다 해도 사랑하는 사람이 없으면 소용이 없다. 아무리 믿음이 훌륭해도 겸손이 없다면 그 믿음은 다른 이를 해치는 무기가 된다. 어려서부터 말씀을 다 지켰다는 부자 젊은이에게 예수님은 너에게는 한 가지 부족한 것이 있다고 하신다.

4. 두레박(질문)

나에게 한 가지 부족한 것은 무엇일까?
이 땅의 교회에 한 가지 부족한 것은 무엇일까?

5. 손우물(한 줄 기도)

한 가지 부족한 것을 알게 하시고, 그것부터 채우게 해주십시오.

6. 나비물(말씀의 실천)

헛된 것의 목록 작성하기, 끝내 버릴 수 없는 것의 목록 작성하기.(전도서 1:1-11)

7. 하늘바라기
　(오늘의 중보기도)

우리의 다음 세대가 자신에게 가장 중요한 것이 무엇인지를 알게 하소서.

8. 도래샘(삶 돌아보기)
어둠 속 달과 별
네가 있어 외롭지 않다고

- 달과 별

1. 오늘의 성서일과

2. 꽃물(말씀 새기기)

3. 마중물(말씀 묵상)

4. 두레박(질문)

5. 손우물(한 줄 기도)

6. 나비물(말씀의 실천)

7. 하늘바라기
   (오늘의 중보기도)

든거지난부자

1. 오늘의 성서일과

전도서 1:2, 12-14:2:18-23   누가복음 12:13-21

시편 49:1-12   호세아 11:1-11

골로새서 3:1-11

2. 꽃물(말씀 새기기)

> 자기를 위해서는 재물을 쌓아 두면서도, 하나님께 대하여는 부요하지
> 못한 사람은 이와 같다.(누가복음 12:21)

3. 마중물(말씀 묵상)

> '든거지난부자'라는 말이 있다. 밖에서 보기에는 큰 부자같이 보이지
> 만 실제로는 거지와 같은 사람을 말한다. 거꾸로 '든부자난거지'라는
> 말도 있다. 밖으로는 거지같이 보이지만 실제로는 부자인 사람을 말
> 한다. 사람 앞에 부자처럼 보이지만, 하나님 앞에 가난한 사람이 왜
> 없을까? 사람 앞에 거지처럼 보이지만, 하나님 앞에 부자인 사람이
> 또한 왜 없을까? 자기를 위해서만 재물을 쌓는 자는 하나님 앞에 거
> 지일 뿐이다.

4. 두레박(질문)

> 내 믿음은 '든거지난부자' 쪽일까, '든부자난거지' 쪽일까?
> 하나님께 대하여 부요하다는 것은 어떤 것을 말하는 걸까?

5. 손우물(한 줄 기도)

> 하나님 앞에서 빈털터리 믿음이 되지 않게 해주십시오.

6. 나비물(말씀의 실천)

> 분노와 격분과 악의와 훼방과 입에서 나오는 부끄러운 말 버리기.(골
> 로새서 3:1-11)

7. 하늘바라기
   (오늘의 중보기도)

> 우리 사회에 가득 찬 분노로부터 우리를 건지소서.

8. 도래샘(삶 돌아보기)

한 시인의 시집을 모두 찾아 사는 것은
시인에게 한 끼 밥 사고 싶은 마음

-시집

1. 오늘의 성서일과

2. 꽃물(말씀 새기기)

3. 마중물(말씀 묵상)

4. 두레박(질문)

5. 손우물(한 줄 기도)

6. 나비물(말씀의 실천)

7. 하늘바라기
   (오늘의 중보기도)

어느 날의 기도

말 너머 계신 당신께
말로써 나아가는게
늘
어렵습니다.
저녁 어스름
강물 거슬러
제 집으로 돌아가는
물새처럼
말 없이도
당신께 가는 길을 배우고 싶습니다

바람을 잡으려는 것처럼

1. 오늘의 성서일과
시편 127
전도서 2:1-17
골로새서 3:18-4:1

시편 60
호세아 11:12-12:14

2. 꽃물(말씀 새기기)

그러니 산다는 것이 다 덧없는 것이다. 인생살이에 얽힌 일들이 나에게는 괴로움일 뿐이다. 모든 것이 바람을 잡으려는 것처럼 헛될 뿐이다.(전도서 2:17)

3. 마중물(말씀 묵상)

취직이 젊은이들의 꿈이 되어버린 세상이다. 젊은이들이 만든 신조어 중에 '이생망'이 있다. '이번 생은 망했다'는 뜻이다. 이번 생이 망했다면 그것을 만회할 기회가 주어진다고 생각하는 것일까? 열흘 붉은 꽃이 없다는데, 권력에 눈이 먼 이들도 마찬가지다. 온통 신기루를 좇는 세상이다.

4. 두레박(질문)

세상에 헛되지 않은 것이 무엇일까?
헛됨을 피할 수 있는 삶의 지혜는 무엇일까?

5. 손우물(한 줄 기도)

헛된 것을 잡으려 발버둥치지 않게 하소서.

6. 나비물(말씀의 실천)

헛된 욕망을 내려놓고, 하나님에게만 희망을 두자.(호세아 11:12-12:14)

7. 하늘바라기
(오늘의 중보기도)

이 땅의 젊은이들을 긍휼히 여기소서. 가슴 벅찬 꿈을 꾸게 하시고, 그 꿈을 향해 전력 질주할 수 있는 기회를 주시기를 빕니다.

8. 도래샘(삶 돌아보기)

더는 낮아질 데가 없을 때
비로소 자유

-우포

1. 오늘의 성서일과

2. 꽃물(말씀 새기기)

3. 마중물(말씀 묵상)

4. 두레박(질문)

5. 손우물(한 줄 기도)

6. 나비물(말씀의 실천)

7. 하늘바라기
   (오늘의 중보기도)

적게 가지고 편안한 것이

1. 오늘의 성서일과   시편 127   *시편 60*

                                전도서 3:16-4:8   *호세아 13:1-16*

                                골로새서 4:2-6

2. 꽃물(말씀 새기기)

> 적게 가지고 편안한 것이, 많이 가지려고 수고하며 바람을 잡는 것보다 낫다.(전도서 4:6)

3. 마중물(말씀 묵상)

> 옛 시골집을 고쳐 귀농을 한 한 교우를 방문하고 돌아왔다. 서울에서 세 시간 반 거리, 시골에서의 삶이 어떨까 궁금하기도 했고 걱정도 되었지만 그의 마음이 편안하게 보여 다행이었다. 안빈낙도(安貧樂道)를 꿈꾸는 그에게 '한가할 한(閒)'의 뜻을 들려주었다. 문 사이로 달을 바라보는 것이 한가하다는 말의 뜻이었다. '불환빈이환불안'(不患貧而患不安) 가난함을 근심하지 말고 편안하지 않음을 근심한다는 옛말도 새길 만하다.

4. 두레박(질문)

> 많이 가지려는 욕심은 결국 바람잡기, 바람을 잡는 일이 어찌 가능할까? 자족하기를 위해서는 무엇이 필요한 걸까?

5. 손우물(한 줄 기도)

> 많이 가지고 허우적거리지 말고, 적게 가지고 자유를 누리게 하소서.

6. 나비물(말씀의 실천)

> 기도에 힘쓰기, 소금으로 살아가기.(골로새서 4:2-6)

7. 하늘바라기
    (오늘의 중보기도)

> 은을 녹여 거푸집에 부어 우상들을 만들 듯, 욕심으로 만든 모든 우상을 부수게 하소서.

8. 도래샘(삶 돌아보기)   부디 마음속에 없기를

                              주판

                              - 주판

1. 오늘의 성서일과

2. 꽃물(말씀 새기기)

3. 마중물(말씀 묵상)

4. 두레박(질문)

5. 손우물(한 줄 기도)

6. 나비물(말씀의 실천)

7. 하늘바라기
   (오늘의 중보기도)

들꽃 한 송이를 바라보며

1. 오늘의 성서일과   시편 127   *시편 60*
                                  전도서 12:1-8, 13-14   *호세아 14:1-9*
                                  누가복음 12:22-31

2. 꽃물(말씀 새기기)

> 백합꽃이 어떻게 자라는지를 생각해 보아라. 수고도 하지 아니하고, 길쌈도 하지 않는다. 그러나 내가 너희에게 말한다. 자기의 온갖 영화로 차려 입은 솔로몬도 이 꽃 하나만큼 차려 입지 못하였다.(누가복음 12:27)

3. 마중물(말씀 묵상)

> 들꽃을 바라보는 예수님의 눈길이 환하다. 온갖 영화로 차려입은 솔로몬도 이 꽃 하나만큼 차려 입지 못하였다는 말은 얼마나 시원한가. 들꽃에게는 갈아입을 여벌옷이 없다. 비가 온다고 비를 가릴 우산도 없고, 볕이 따갑다고 볕을 가릴 양산도 없다. 그런데도 아름답고 넉넉하다. 세상 걱정 내려놓고 하늘나라 구하며 사는 자는 들꽃처럼 살 수 있다. 허락하신 모든 것을 은총으로 누린다.

4. 두레박(질문)

> 까마귀와 들꽃을 유심히 바라보면 무엇이 보일까?
> 하물며 너희야 더 잘 입히지 않으시겠느냐는 말씀을 얼마나 신뢰하는가?

5. 손우물(한 줄 기도)

> 들꽃 한 송이를 바라보며 하늘 뜻 넉넉히 새기기를 원합니다.

6. 나비물(말씀의 실천)

> 수송아지를 드리는 대신 마음을 열어 주님을 찬양하기.(호세아 14:1-9)

7. 하늘바라기
   (오늘의 중보기도)

> 자녀를 원하지만 갖지 못한 불임가정에 태의 문을 열어주소서.

8. 도래샘(삶 돌아보기)   세월이 가도 그대로인
                            사랑이란

                            - 사랑

1. 오늘의 성서일과

2. 꽃물(말씀 새기기)

3. 마중물(말씀 묵상)

4. 두레박(질문)

5. 손우물(한 줄 기도)

6. 나비물(말씀의 실천)

7. 하늘바라기
   (오늘의 중보기도)

그리스도에게서 끊어질지라도

1. 오늘의 성서일과   시편 33:12-22   *시편 50:1-8, 22-23*
                      욥기 21:1-16   *이사야 9:8-17*
                      로마서 9:1-9

2. 꽃물(말씀 새기기)

> 나는, 육신으로 내 동족인 내 겨레를 위하는 일이면, 내가 저주를 받아서 그리스도에게서 끊어질지라도 달게 받겠습니다.(로마서 9:3)

3. 마중물(말씀 묵상)

> 하나님을 믿는 자들에게는 죽은 뒤에 가는 하나님 나라 천국만 중요한 것일까? 혹은 믿는 자들만 소중한 것일까? 그렇게 생각할지도 모를 적잖을 그리스도인들을 두고 바울의 선언은 단호하고 위험해 보이기도 하다. 자신의 동족이 구원받지 못하는 일로 큰 슬픔에 빠진 바울은 단호하게 말한다. 자신의 동족인 겨레를 위하는 일이면, 저주를 받아서 그리스도에게서 끊어질지라도 달게 받겠다고. 백성들과 바울 사이의 온갖 거리가 사라진다. 그런 사람이 있다는 것은 고마운 일이다.

4. 두레박(질문)

> 그리스도에게서 끊어질지라도 달게 받겠다는 것은, 끊어질 리가 없다는 확신에서 비롯된 고백 아닐까? 나는 얼마나 내 나라 이 민족을 품고 있는가?

5. 손우물(한 줄 기도)

> 내 나라 이 민족을 뜨거운 가슴으로 품게 해주십시오.

6. 나비물(말씀의 실천)

> 수송아지를 드리는 대신 마음을 열어 주님을 찬양하기.(호세아 14:1-9)

7. 하늘바라기
  (오늘의 중보기도)

> 이 땅의 모든 지도자들이 주님 앞에 무릎을 꿇게 하소서.

8. 도래샘(삶 돌아보기)   생각하지 못한 것이
                         때로 이불이 되어 주고

                         -이불

1. 오늘의 성서일과

2. 꽃물(말씀 새기기)

3. 마중물(말씀 묵상)

4. 두레박(질문)

5. 손우물(한 줄 기도)

6. 나비물(말씀의 실천)

7. 하늘바라기
   (오늘의 중보기도)

어처구니가 없는 일

1. 오늘의 성서일과

시편 33:12-22
전도서 6:1-6
사도행전 7:1-8

시편 50:1-8, 22-23
이사야 9:18-10:4

2. 꽃물(말씀 새기기)

하나님이 어떤 사람에게는 부와 재산과 명예를 원하는 대로 다 주시면서도, 그것들을 그 사람이 즐기지 못하게 하시고, 엉뚱한 사람이 즐기게 하시니, 참으로 어처구니가 없는 일이요, 통탄할 일이다.(전도서 6:2)

3. 마중물(말씀 묵상)

전도자의 눈에 참으로 어처구니가 없는 일이 있다. 참으로 통탄할 일이 아닐 수가 없다. 하나님이 어떤 사람에게 부와 재산과 명예를 원하는 대로 다 주신다. 얼마나 큰 복인가 싶은데, 아니다. 주시기만 할 뿐 그것을 그가 즐기지 못하게 하시고 엉뚱한 사람이 즐기게 하신다. 부러워할 만한 모든 것을 주시되, 그것을 다른 사람이 누리게 하시는 것이다. 하나님이 내게 주신 것을 내가 누리지 못하면 제아무리 많은 것을 가져도 그는 천하에 불쌍한 사람이 되고 만다.

4. 두레박(질문)

부와 재산과 명예를 원하는 대로 다 가졌으면서도, 어찌 그것을 즐기지 못하는 것일까?
어떤 삶이 그 중 허망한 삶일까?

5. 손우물(한 줄 기도)

무엇을 주시든 하나님이 주신 것을 마음껏 누리며 살게 해주십시오.

6. 나비물(말씀의 실천)

말씀을 통해 주신 하나님의 약속을 신뢰하기.(사도행전 7:1-8)

7. 하늘바라기
   (오늘의 중보기도)

서로 뜯어먹으려는 마음을 버리고, 서로를 아끼며 살게 하소서.

8. 도래샘(삶 돌아보기)

크기와 자리와는 상관이 없어
등대는
-등대

1. 오늘의 성서일과

2. 꽃물(말씀 새기기)

3. 마중물(말씀 묵상)

4. 두레박(질문)

5. 손우물(한 줄 기도)

6. 나비물(말씀의 실천)

7. 하늘바라기
   (오늘의 중보기도)

하늘에 쌓을 보물

1. 오늘의 성서일과   시편 33:12-22   *시편 50:1-8, 22-23*
                      창세기 11:27-32   *이사야 1:2-9, 21-23*
                      마태복음 6:19-24

2. 꽃물(말씀 새기기)
그러므로 너희를 위하여 보물을 하늘에 쌓아 두어라. 거기에는 좀이 먹고 녹이 슬어서 망가지는 일이 없고, 도둑들이 뚫고 들어와서 훔쳐 가지도 못한다.(마태복음 6:20)

3. 마중물(말씀 묵상)
보물을 쌓아 둘 가장 안전한 장소는 어디일까? 어느 시대 어떤 사람이나 가졌을 관심이었을 것이다. 어떤 이는 땅을 파고 묻었고, 어떤 이는 자기만 아는 굴에 숨겼을 것이다. 요즘이야 은행이나 묵중한 무게로 감히 들 수 없는 금고가 안전해 보일 수도 있을 것이다. 장판 아래 숨겨 두었다가 화재로 잃어버리는 경우는 지금도 있다. 하늘에 보물을 쌓는 길은 무엇일까? 무엇보다 이 땅에 쌓지 않는 것을 말할 것이다. 가난한 이들을 위해 쓰는 것 또한 주님은 하늘로 받아주실 것이다.

4. 두레박(질문)
하늘에 보물을 쌓는 길은 어디에 있을까?
땅에 쌓으면 마음이 땅에 묶이는 법, 그런데도 땅에 쌓는 이유는 무엇일까?

5. 손우물(한 줄 기도)
보물을 하늘에 쌓는 것이 우리를 위하는 길임을 알게 해주십시오.

6. 나비물(말씀의 실천)
제 임자를 아는 소나 나귀처럼 내 삶의 주인을 바로 알기(이사야 1:2-9, 21-23)

7. 하늘바라기
  (오늘의 중보기도)
해가 돋는 데서부터 해 지는 데까지, 온 세상이 주를 알게 하소서.(시편 50:1-8, 22-23)

8. 도래샘(삶 돌아보기)
쓰레기라 부르고 쓰는 이들이 있지만
말없이 도리를 다하면 그만

- 시래기

1. 오늘의 성서일과

2. 꽃물(말씀 새기기)

3. 마중물(말씀 묵상)

4. 두레박(질문)

5. 손우물(한 줄 기도)

6. 나비물(말씀의 실천)

7. 하늘바라기
   (오늘의 중보기도)

어디로 가는지를 알지 못해도

1. 오늘의 성서일과 창세기 15:1-6, 시편 33:12-22   *이사야 1:1,10-20*
히브리서 11:1-3, 8-16   *시편 50:1-8, 22-23*
누가복음 12:32-40

2. 꽃물(말씀 새기기)

> 그는 하나님께서 설계하시고 세우실 튼튼한 기초를 가진 도시를 바랐던 것입니다.(히브리서 11:10)

3. 마중물(말씀 묵상)

> 믿음은 모험이다. 내 모든 것을 맡기는 위임은 믿음으로만 가능하다. 절벽은 나누어 건널 수가 없다. 두려워도 단번에 건너뛰어야 한다. 나누어 건너려는 자는 망설이다가 인생의 해가 지고 만다. 아브라함은 하나님의 부르심을 받았을 때, 어디로 가는지를 알지 못했지만 떠났다. 그것이 아브라함이 가진 믿음의 핵심이다. 아브라함이 그럴 수 있는 이유가 있었다. 하나님께서 설계하시고 세우실 튼튼한 기초를 가진 도시를 바랐던 것이다. 복의 근원이 되려면 그만한 용기가 필요하다.

4. 두레박(질문)

> 아무것도 바라는 것 없이 길을 떠날 수는 없는 것일까?
> 무모함을 통해 얻을 수 있는 복은 무엇일까?

5. 손우물(한 줄 기도)

> 주님이 말씀하시면 어디로 가는지를 알지 못해도 길을 나서게 해주십시오.

6. 나비물(말씀의 실천)

> 낡아지지 않는 주머니 만들기.(누가복음 12:32-40)

7. 하늘바라기
 (오늘의 중보기도)

> 믿음의 가정마다 믿음의 가문을 이루게 하소서.(창세기 15:1-6)

8. 도래샘(삶 돌아보기) 나란히 가는 두 개의 강
벌써 바다입니다
-두 개의 강

1. 오늘의 성서일과

2. 꽃물(말씀 새기기)

3. 마중물(말씀 묵상)

4. 두레박(질문)

5. 손우물(한 줄 기도)

6. 나비물(말씀의 실천)

7. 하늘바라기
　　(오늘의 중보기도)

고난은 우리를 엎드리게 한다

1. 오늘의 성서일과
시편 89:1-18
역대하 33:1-17
히브리서 11:1-7

시편 11
이사야 2:1-4

2. 꽃물(말씀 새기기)

므낫세는 고통을 당하여 주 하나님께 간구하였다. 그는 조상의 하나님 앞에서 아주 겸손해졌다.(역대하 33:12)

3. 마중물(말씀 묵상)

"고난을 당한 것이, 내게는 오히려 유익하게 되었습니다. 그 고난 때문에, 나는 주님의 율례를 배웠습니다."(시편 119:71)라는 고백은 쉽지 않다. 고난을 유익이라 말하기 위해서는 그만큼 성숙해야 한다. 하지만 고난을 당할 때는 몰라도 지나고 나면 같은 고백을 드리게 된다. 므낫세가 고난을 통해 얻은 것은 두 가지다. 고난을 통하여 기도하게 되었고, 겸손하게 되었다. 고난은 우리를 엎드리게 한다. 항복하게 하고, 기도하게 한다.

4. 두레박(질문)

고난이 전혀 없다면 우리 삶은 어떻게 될까?
우리가 피조물이라는 것을 고난만큼 선명하게 일러주는 것이 있을까?

5. 손우물(한 줄 기도)

고난을 통하여 기도와 겸손을 배우게 해주십시오.

6. 나비물(말씀의 실천)

낡아지지 않는 주머니 만들기.(누가복음 12:32-40)

7. 하늘바라기
   (오늘의 중보기도)

이 땅의 교회가 빛 가운데 우뚝 서게 하소서.(이사야 2:1-4)

8. 도래샘(삶 돌아보기)
감각을 잃지 않는 것과
감각적이 된다는 것은 같은 게 아닐 터

-감각

1. 오늘의 성서일과

2. 꽃물(말씀 새기기)

3. 마중물(말씀 묵상)

4. 두레박(질문)

5. 손우물(한 줄 기도)

6. 나비물(말씀의 실천)

7. 하늘바라기
　　(오늘의 중보기도)

아브라함의 생각

1. 오늘의 성서일과
시편 89:1-18
역대하 34:22-33
히브리서 11:17-28

시편 11
이사야 24:1-13

2. 꽃물(말씀 새기기)

하나님께서는 이삭을 죽은 사람들 가운데서도 되살리실 수 있다고 아브라함은 생각했던 것입니다. 그러므로 비유하자면, 아브라함은 이삭을 죽은 사람들 가운데서 되받은 것입니다.(히브리서 11:19)

3. 마중물(말씀 묵상)

아브라함은 도대체 어떤 마음으로 모리아 산에 올랐을까? 아들을 제물로 바치라는 하나님의 명령을 어찌 부정하지도 피하지도 않았을까? 아브라함의 태도를 믿음이라 하기에는 너무도 비인간적이고 비정하다. 아브라함의 믿음은 세상의 어떤 두레박으로도 길어 올릴 수가 없다 싶은데, 성경은 하나의 생각을 전한다. 이삭을 바치면 하나님이 살리실 것이라 생각했다는 것이다. 이 또한 모든 것을 맡기는 믿음, 믿음의 조상이라는 말을 듣기에 부족함이 없다.

4. 두레박(질문)

내려치려는 칼을 막는 하나님의 음성을 듣고 따른 것 또한 아브라함의 깊은 믿음 아닐까?
이삭 또한 이날의 경험을 잊을 수 없지 않았을까?

5. 손우물(한 줄 기도)

하나님의 명령을 내 감정의 체에 거르지 않게 해주십시오.

6. 나비물(말씀의 실천)

이번 한 주일만이라도 하루에 한 번 주변의 쓰레기 줍기.(이사야 24:1-13)

7. 하늘바라기
   (오늘의 중보기도)

땅이 사람 때문에 더럽혀지거나 저주 받지 않게 하소서.(이사야 24:1-13)

8. 도래샘(삶 돌아보기)

마음으로 말하면
마음으로 듣는 이가 있어

- 대화

1. 오늘의 성서일과

2. 꽃물(말씀 새기기)

3. 마중물(말씀 묵상)

4. 두레박(질문)

5. 손우물(한 줄 기도)

6. 나비물(말씀의 실천)

7. 하늘바라기
   (오늘의 중보기도)

하나님은 약속을 지키신다

1. 오늘의 성서일과
시편 89:1-18
예레미야 33:14-26
누가복음 12:41-48

시편 11
이사야 24:14-23

2. 꽃물(말씀 새기기)

나 주가 말한다. 낮에 대한 나의 약정과 밤에 대한 나의 약정을 너희가 깨뜨려서, 낮과 밤이 제시간에 오지 못하게 할 수 있겠느냐?(예레미야 33:20)

3. 마중물(말씀 묵상)

아이들이 약속을 할 때면 새끼손가락을 건다. 새끼손가락을 거는 것만으로 부족하다 여겨지면 엄지를 마주쳐 도장을 찍는다. 하나님은 때로 자연을 통해 하나님의 약속을 환기시킨다. 다시는 모든 생물을 홍수로 멸하지 아니할 것이라는 약속을 무지개를 통해서 하신다.(창세기 9:11) 하나님이 백성들과 맺은 약속이 변함이 없다는 것을 어김없이 찾아오는 낮과 밤을 통해서 확인하신다. 낮과 밤이 어긋나지 않는 한 하나님이 약속을 어기실 일은 없다.

4. 두레박(질문)

낮과 밤에 걸린 하나님의 약속을 신뢰하는가?
약속을 지키시는 하나님 앞에 나는 약속을 얼마나 지키고 있는가?

5. 손우물(한 줄 기도)

약속을 지키시는 하나님의 성실하심을 배우게 해주십시오.

6. 나비물(말씀의 실천)

주인의 뜻을 알고 준비하며 그 뜻대로 행하기.(누가복음 12:41-48)

7. 하늘바라기
  (오늘의 중보기도)

주님의 날이 도둑같이 임하기 전, 모두가 주님 백성이 되게 하소서.(이사야 24:14-23)

8. 도래샘(삶 돌아보기)

기다린다는 건
나머지를 잊는 것

- 기다림

1. 오늘의 성서일과

2. 꽃물(말씀 새기기)

3. 마중물(말씀 묵상)

4. 두레박(질문)

5. 손우물(한 줄 기도)

6. 나비물(말씀의 실천)

7. 하늘바라기
　　(오늘의 중보기도)

아간이 그리운 세상

1. 오늘의 성서일과

시편 82
여호수아 7:1, 10-26
히브리서 10:26-31

시편 80:1-2, 8-19
이사야 2:5-11

2. 꽃물(말씀 새기기)

아간이 여호수아에게 대답하였다. "제가 진실로 주 이스라엘의 하나님께 죄를 지었습니다. 제가 저지른 일을 말씀드리겠습니다."(여호수아 7:20)

3. 마중물(말씀 묵상)

여리고 성을 무너뜨린 이스라엘에게 아이 성은 식은 죽 먹기처럼 쉬워 보였을 것이다. 하지만 그들은 패배를 경험한다. 백성의 간담이 서늘해졌다. 그들은 하나님을 원망한다. 그들을 보면 마치 자동 타이머가 작동하는 것 같다. 수많은 은혜를 경험하면서도 어려운 일을 만나면 튀어나오는 것이 원망과 불평이다. 그럴만한 이유가 있었다. 숨겨진 죄 때문이었다. 결국 아간이 지목되는데, 아간은 자신이 저지른 죄를 부인하지 않는다. 죄의 대가를 달게 받는다. 더 큰 죄를 짓고도 큰소리를 치는 세상, 오히려 아간이 그리운 세상이다.

4. 두레박(질문)

한 사람의 죄로 온 백성이 고통을 받는 일을 어떻게 이해해야 할까? 솔직하게 시인하는 아간의 죄를 용서할 수는 없었을까?

5. 손우물(한 줄 기도)

내 숨은 잘못을 숨기지 않게 해주십시오.

6. 나비물(말씀의 실천)

성령을 모욕하지 않기.(히브리서 10:26-31)

7. 하늘바라기
　(오늘의 중보기도)

천박함과 비굴함을 버리게 하소서.(이사야 2:5-11)

8. 도래샘(삶 돌아보기)

남모르게 당신도 울었다니
제게는 위로가 됩니다

- 위로

1. 오늘의 성서일과

2. 꽃물(말씀 새기기)

3. 마중물(말씀 묵상)

4. 두레박(질문)

5. 손우물(한 줄 기도)

6. 나비물(말씀의 실천)

7. 하늘바라기
  (오늘의 중보기도)

길들일 수 없는 하나님

1. 오늘의 성서일과   시편 82   *시편 80:1-2, 8-19*

                                      사무엘상 5:1-12   *이사야 3:1-17*

                                      히브리서 10:32-39

2. 꽃물(말씀 새기기)

> 블레셋 사람들은 하나님의 궤를 다곤 신전으로 가지고 들어가서, 다곤 신상 곁에 세워 놓았다.(사무엘상 5:2)

3. 마중물(말씀 묵상)

> '일요일에만 살아계신 하나님'이라는 구절을 하일의 시를 읽다가 만났다. 누군가가 쏟아 붓는 뜨거운 물을 뒤집어쓴 듯 얼굴이 화끈했다. 인간은 많은 것을 길들여왔다. 금방 날아가는 하늘의 새도, 바다를 유영하는 돌고래도 길들였고, 덩치와 힘으로는 당해낼 재간이 없는 코끼리도 길을 들여 눈요깃감으로 삼는다. 인간은 마침내 하나님마저 길들이려고 한다. 전리품으로 빼앗은 법궤를 다곤 신상 옆에 둠으로써 길들이려고 했다. 하나님은 길들일 수 있는 분이 아니라는 것을, 하나님은 이방 땅에서도 보이신다.

4. 두레박(질문)

> 법궤를 의지하는 신앙의 문제는 무엇일까?
> 하나님을 길들이려는 시도는 오늘 어떻게 행해지고 있는가?

5. 손우물(한 줄 기도)

> 하나님을 길들이려는 마음일랑 아예 싹을 잘라 주십시오.

6. 나비물(말씀의 실천)

> 처음 시절을 되새기기.(히브리서 10:32-39)

7. 하늘바라기
    (오늘의 중보기도)

> 젊은이가 노인에게 대들고, 천한 자가 존귀한 사람에게 예의 없이 대하는 일이 없게 하소서.(이사야 3:1-17)

8. 도래샘(삶 돌아보기)   마음 담아 하는 일은

                              마음 없이 하는 일만큼이나 눈에 띄고

                              -진정

1. 오늘의 성서일과

2. 꽃물(말씀 새기기)

3. 마중물(말씀 묵상)

4. 두레박(질문)

5. 손우물(한 줄 기도)

6. 나비물(말씀의 실천)

7. 하늘바라기
   (오늘의 중보기도)

서지 못할 것이 서는 것을 보거든

1. 오늘의 성서일과

시편 82

사무엘상 6:1-16

마태복음 24:15-27

시편 80:1-2, 8-19

이사야 3:18-4:6

2. 꽃물(말씀 새기기)

그러므로 너희는 예언자 다니엘이 말한 바, 황폐하게 하는 가증스러운 물건이 거룩한 곳에 서 있는 것을 보거든, (읽는 사람은 깨달아라) 그 때에 유대에 있는 사람들은 산으로 도망하여라.(마태복음 24:15-16)

3. 마중물(말씀 묵상)

마지막 날이 언제 임할지는 아무도 모른다. 하지만 마지막 날이 되었음을 일러주는 징조는 있다. 징조 중의 하나가 가증스러운 물건이 거룩한 곳에 서 있는 것을 보게 되는 것이다. 설 자격 없는 것이 감히 설 수 없는 곳에 서는 것을 보면 그것이 마지막 때이니, 산으로 도망하라고 한다. 말씀을 읽고 주변을 둘러보니 어지럽다. 감히 설 수 없는 것들이 서서는 안 되는 곳에 보란 듯이 서 있으니 말이다.

4. 두레박(질문)

가증한 것이 거룩한 곳에 서 있는 것이 어디에서 보이는가?

그날 도망칠 산은 과연 어디에 있을까, 무엇일까?

5. 손우물(한 줄 기도)

세상에 물들지 않게 하셔서, 말씀으로 세상을 바라보게 해주십시오.

6. 나비물(말씀의 실천)

울면서도 되돌아서지 않았던 벧세메스의 소를 닮기.(사무엘상 6:1-16)

7. 하늘바라기
(오늘의 중보기도)

온 세상이 사치품을 버리고 필수품을 나눠 함께 사는 법을 배우게 하소서.(이사야 3:18-4:6)

8. 도래샘(삶 돌아보기)

오늘 우리에게 필요한 일용할 양식은

한 줌의 평화입니다

- 평화

1. 오늘의 성서일과

2. 꽃물(말씀 새기기)

3. 마중물(말씀 묵상)

4. 두레박(질문)

5. 손우물(한 줄 기도)

6. 나비물(말씀의 실천)

7. 하늘바라기
　　(오늘의 중보기도)

불과 망치

1. 오늘의 성서일과   예레미야 23:23-29, 시편 82   *이사야 5:1-7*
                                   히브리서 11:29-12:2   *시편 80:1-2, 8-19*
                                     누가복음 12:49-56

2. 꽃물(말씀 새기기)

> 내 말은 맹렬하게 타는 불이다. 바위를 부수는 망치다. 나 주의 말이다.(예레미야 23:29)

3. 마중물(말씀 묵상)

> 예나 지금이나 말씀을 가지고 쇼를 하는 이들이 많다. 거짓으로 예언을 하며, 마음속에서 꾸며낸 환상으로 거짓 예언을 한다. 더러는 꿈을 팔기도 하고, 해몽을 하기도 한다. 그때마다 목소리와 표정이 거룩해지는 것은 당연한 일이다. 그럴수록 사람들은 속아 넘어가고, 속인 자는 원하는 것을 대가로 얻으니 마다할 이유가 없다. 하지만 주님의 말씀은 그렇게 넘어갈 수 있는 말씀이 아니다. 맹렬하게 타는 불, 바위를 부수는 망치, 말씀을 전하는 자부터 태우고 부순다.

4. 두레박(질문)

> 왜 사람들은 거짓 예언과 꾸며낸 환상을 좋아하고 따를까?
> 불과 망치인 말씀 앞에 재가 되고 가루가 되는 것이 당연하지 않을까?

5. 손우물(한 줄 기도)

> 말씀 앞에 피할 곳도 숨을 곳도 없음을 알게 해주십시오.

6. 나비물(말씀의 실천)

> 주님을 내 안의 불로 모시기.(누가복음 12:49-56)

7. 하늘바라기
   (오늘의 중보기도)

> 주님께서 심으신 포도나무마다 충실한 열매를 맺게 하소서.(이사야 5:1-7)

8. 도래샘(삶 돌아보기)   매일 같은 해가 떠도
                               매일 같은 하루는 없어

                               - 매일

1. 오늘의 성서일과

2. 꽃물(말씀 새기기)

3. 마중물(말씀 묵상)

4. 두레박(질문)

5. 손우물(한 줄 기도)

6. 나비물(말씀의 실천)

7. 하늘바라기
   (오늘의 중보기도)

부담이 되는 말씀

1. 오늘의 성서일과   시편 32   *시편 74*
                        예레미야 23:30-40   *이사야 5:8-23*
                        요한복음일 4:1-6

2. 꽃물(말씀 새기기)

친구나 친척끼리 서로 말할 때에는 '부담이 되는 주님의 말씀'이라고
말하는 대신에 '주님께서 무엇이라고 대답을 하셨느냐?' '주님께서 무
슨 말씀을 하셨느냐?' 하고 물어야 한다고 일러주어라. (예레미야 23:35)

3. 마중물(말씀 묵상)

주님의 말씀을 성실하게 지킨다는 것은 쉽지가 않다. 많은 말씀이 무
거운 짐처럼, 적잖은 부담으로 다가온다. 우리의 마음을 잘 아시는 주
님께서 말씀하신다. 친구나 친척끼리 속의 말을 할 때에도 행여 하나
님의 말씀을 두고 부담이 되는 주님의 말씀이라는 말을 하지 말라는
것이다. 아무리 가까운 사이라도 그런 말을 입 밖에 내지 말라고 하신
다. 오히려 '주님께서 무엇이라고 대답을 하셨느냐?', '주님께서 무슨
말씀을 하셨느냐?' 하고 물어야 한다. 주님의 말씀을 두고 부담이 되
는 말씀이라고 하면 정말로 그 말씀이 부담이 되게 하겠다고 하시니,
엄히 삼가야 할 말이 아닐 수 없다.

4. 두레박(질문)

부담이 되는 주님의 말씀이라는 말을 왜 하지 말라고 하셨을까?

5. 손우물(한 줄 기도)

어떤 경우에도 삼가야 하는 말을 삼가게 해주십시오.

6. 나비물(말씀의 실천)

세상의 거짓 영 분별하기. (요한일서 4:1-6)

7. 하늘바라기
(오늘의 중보기도)

뇌물을 받고 악인을 의롭다고 하며, 의인의 정당한 권리를 빼앗는 일
이 이 땅에 없게 하소서. (이사야 5:8-23)

8. 도래샘(삶 돌아보기)

우리는 얼마나 많은 말을 할까
얼마나 많은 말을 잊을까
- 말

1. 오늘의 성서일과

2. 꽃물(말씀 새기기)

3. 마중물(말씀 묵상)

4. 두레박(질문)

5. 손우물(한 줄 기도)

6. 나비물(말씀의 실천)

7. 하늘바라기
   (오늘의 중보기도)

성령을 거역하는 사람들

1. 오늘의 성서일과

시편 32
예레미야 25:15-29
사도행전 7:44-53

시편 74
이사야 5:24-30

2. 꽃물(말씀 새기기)

목이 곧고 마음과 귀에 할례를 받지 못한 사람들이여, 당신들은 언제나 성령을 거역하고 있습니다. 당신네 조상들이 한 그대로 당신들도 하고 있습니다.(사도행전 7:51)

3. 마중물(말씀 묵상)

오래 전부터 해 왔던 일을 행하는 것은 마음을 안심시킨다. 해 왔던 것에서 벗어나면 마음이 불안해진다. 당시 종교 지도자들이 예수님을 불온하게 바라보았던 것은 오랫동안 이어져온 관례와 전통을 무시하고 깨뜨렸기 때문이었을 것이다. 그들은 믿음을 잘 지키는 것 같지만, 믿음이 아니라 전통을 잘 지킬 뿐이다. 그들은 목이 곧고 귀에 할례를 받지 못한 사람, 결국은 언제나 성령을 거역하는 사람들이다. 전통을 지킴으로 성령을 거역하는 일이 얼마든지 있다니.

4. 두레박(질문)

오늘날 전통을 지킨다는 이유로 성령을 거역하는 일이 무엇이 있을까? 알에서 병아리가 깨어나듯 전통에서 새로운 생명이 태어나는 일은 어떻게 가능할까?

5. 손우물(한 줄 기도)

습관적인 안일함으로 성령에서 벗어나는 일이 없게 해주십시오.

6. 나비물(말씀의 실천)

주님의 말씀을 멸시하지 않기.(이사야 5:24-30)

7. 하늘바라기
   (오늘의 중보기도)

어떤 명분을 내세운다 해도, 세상의 모든 전쟁을 그치게 하소서.(예레미야 25:15-29)

8. 도래샘(삶 돌아보기)

가슴속 까만 숯으로 남은 이야기를
누가 알까만

-숯

1. 오늘의 성서일과

2. 꽃물(말씀 새기기)

3. 마중물(말씀 묵상)

4. 두레박(질문)

5. 손우물(한 줄 기도)

6. 나비물(말씀의 실천)

7. 하늘바라기
   (오늘의 중보기도)

기도하는 집과 강도의 소굴

1. 오늘의 성서일과
시편 32
예레미야 25:30-38
누가복음 19:45-48

시편 74
이사야 27:1-13

2. 꽃물(말씀 새기기)

그들에게 말씀하셨다. "성경에 기록하기를 '내 집은 기도하는 집이 될 것이다' 하였다. 그런데 너희는 그것을 '강도들의 소굴'로 만들어 버렸다."(누가복음 19:46)

3. 마중물(말씀 묵상)

'기도하는 집'과 '강도들의 소굴'이 쓸쓸하게 어울린다. 성전은 누구라도 찾아와 하나님께 기도하는 집이다. 모든 사람에게, 모든 마음 앞에 열린 집이 되어야 한다. 그런데 믿음이 좋다는 사람들은 그 집을 강도의 소굴로 만들었다. 강도의 소굴은 자신들이 약탈한 것을 은밀하게 나누는 곳이다. 악을 도모하는 곳이기도 하다. 겉으로는 기도하는 집, 속으로는 강도의 소굴, 오늘 이 땅의 교회가 주님의 꾸짖음으로부터 얼마나 자유로울 수 있을까.

4. 두레박(질문)

우리도 기도하는 집인 우리의 마음을 강도의 소굴로 만든 건 아닐까? 세상 사람들이 교회를 강도의 소굴로 볼 만한 모습엔 어떤 것이 있을까?

5. 손우물(한 줄 기도)

나도 모르게 제 마음에 강도의 소굴이 만들어지지 않게 해주십시오.

6. 나비물(말씀의 실천)

용서 받은 기쁨을 온전히 누리기.(시편 32)

7. 하늘바라기
   (오늘의 중보기도)

양떼의 인도자들인 목자들이 울부짖어 통곡하며 재 위에서 뒹굴게 하소서.(예레미야 25:30-38)

8. 도래샘(삶 돌아보기)
무엇을 품고 사는지가
그가 누구인지를 일러주고

- 거울

1. 오늘의 성서일과

2. 꽃물(말씀 새기기)

3. 마중물(말씀 묵상)

4. 두레박(질문)

5. 손우물(한 줄 기도)

6. 나비물(말씀의 실천)

7. 하늘바라기
   (오늘의 중보기도)

나른한 손과 힘 빠진 무릎

1. 오늘의 성서일과   시편 103:1-8   *시편 71:1-6*

                             민수기 15:32-41   *예레미야 6:1-19*

                             히브리서 12:3-17

2. 꽃물(말씀 새기기)

그러므로 여러분은 나른한 손과 힘 빠진 무릎을 일으켜 세우고.(히브리서 12:12)

3. 마중물(말씀 묵상)

자식이 잘못을 하면 아버지는 매를 들어서라도 바로 잡으려 한다. 잘못 되는 것을 그냥 내버려 둘 수가 없기 때문이다. 어떤 징계든 징계가 즐거울 수는 없다. 피차 어색하기도 하고, 괴롭기도 하다. 하지만 징계는 평화의 열매를 맺게 한다. 나른한 손과 힘 빠진 무릎은 주님이 원하시는 모습이 아니다. 힘 빠진 무릎은 똑바로 세워야 하고, 나른한 손엔 힘을 주어야 한다. 어쩌면 코로나의 시간은 우리의 나른한 손과 힘 빠진 무릎을 일으켜 세우시려는 주님의 뜻이었는지도 모른다.

4. 두레박(질문)

나른한 손과 힘 빠진 무릎이라는 말 속에 담긴 우리들의 자화상은 어떤 모습일까?
무릎을 일으켜 세운다는 것은 구체적으로 무엇을 말하는 것일까?

5. 손우물(한 줄 기도)

나른한 손과 힘 빠진 무릎을 일으켜 세우게 해주십시오.

6. 나비물(말씀의 실천)

고난을 주님의 경고로 받아들이기.(예레미야 6:1-19)

7. 하늘바라기
   (오늘의 중보기도)

무너진 공의를 세우시되, 억눌린 사람의 권리를 변호하소서.(시편 103:1-8)

8. 도래샘(삶 돌아보기)   탁본 뜨듯 내 마음을 뜨면

무슨 글자 새겨질지

- 탁본

1. 오늘의 성서일과

2. 꽃물(말씀 새기기)

3. 마중물(말씀 묵상)

4. 두레박(질문)

5. 손우물(한 줄 기도)

6. 나비물(말씀의 실천)

7. 하늘바라기
  (오늘의 중보기도)

희끗희끗 인생의 서리가 내렸어도

1. 오늘의 성서일과 시편 103:1-8   *시편 71:1-6*
                        역대하 8:12-15   *예레미야 6:20-30*
                        사도행전 17:1-9

2. 꽃물(말씀 새기기)

내가 이제 늙어서, 머리카락에 희끗희끗 인생의 서리가 내렸어도 하나님, 나를 버리지 마십시오. 주님께서 팔을 펴서 나타내 보이신 그 능력을 오고오는 세대에 전하렵니다.(시편 71:18)

3. 마중물(말씀 묵상)

희끗희끗한 서리는 늦가을 들판에만 내리지 않는다. 세월이 흘러 사람이 늙으면 사람 머리카락 위로도 내린다. 그것을 피할 사람은 아무도 없다. 흘러가는 세월을 막을 자도 없고, 찾아오는 흰머리를 가릴 수도 없다. 희끗희끗 인생의 서리가 내릴 때에도 잊지 말아야 할 것이 있다. 하나는 기도하는 일이고, 다른 하나는 주님의 능력을 전하는 일이다. 머리에 서리가 내릴수록 '나를 버리지 마십시오.' 기도해야 하고, 내가 경험한 주님의 능력을 오고오는 세대에 전해야 한다.

4. 두레박(질문)

머리카락에 희끗희끗 서리가 내리면 인생의 계절도 늦가을이 될까? 희끗희끗 인생의 서리가 내릴 때, 내가 드릴 간절한 기도는 무엇일까?

5. 손우물(한 줄 기도)

인생의 모든 계절을 사랑으로 맞이하게 해주십시오.

6. 나비물(말씀의 실천)

노년의 시간을 보내고 있는 어머니께 전화하기.

7. 하늘바라기
   (오늘의 중보기도)

이 땅의 교회가 불순물을 제거할 수 없어 주님께서 '내버린 은'이 되지 않게 하소서.(예레미야 6:20-30)

8. 도래샘(삶 돌아보기) 가볍고 가여워라
                          인간이라는 존재

                          - 인간

1. 오늘의 성서일과

2. 꽃물(말씀 새기기)

3. 마중물(말씀 묵상)

4. 두레박(질문)

5. 손우물(한 줄 기도)

6. 나비물(말씀의 실천)

7. 하늘바라기
   (오늘의 중보기도)

거룩함의 확장

1. 오늘의 성서일과 시편 103:1-8 *시편 71:1-6*

느헤미야 13:15-22 *예레미야 1:1-3, 11-19*

누가복음 6:1-5

2. 꽃물(말씀 새기기)

> 다윗이 하나님의 집에 들어가서, 제사장들 밖에는 먹어서는 안 되는 제단 빵을 집어서 먹고, 자기 일행에게도 주지 않았느냐?(누가복음 6:4)

3. 마중물(말씀 묵상)

> 우리는 그때 어떤 일이 있었는지를 알고 있다.(사무엘상 21장) 도망 중 허기가 진 다윗과 일행은 놉의 제사장 아히멜렉에게 먹을 것을 구한다. 아히멜렉은 제사장만이 먹도록 규정된 진설병을 내어준다. 거룩한 빵이 배고픈 자에게 나누어짐으로 거룩함의 의미가 확장된다. 비난하는 자는 모든 것을 문제로 보고 비난한다. 사랑하는 자는 모든 것을 사랑으로 보고 사랑으로 품는다. 철저하게 규정을 지키는 것보다는 사랑으로 규정을 깨뜨릴 때, 그때가 신앙에 더 가까울 것이다.

4. 두레박(질문)

> 지나친 엄격함이 사랑을 방해할 때가 있지 않을까?
> 진설병을 배고픈 자에게 주는 것이 하나님이 원하시는 일 아닐까?

5. 손우물(한 줄 기도)

> 서툰 규정을 내세워 사랑으로부터 숨지 않게 해주십시오.

6. 나비물(말씀의 실천)

> 혼돈의 시대일수록 말씀으로 중심잡기.(예레미야 1:1-3, 11-19)

7. 하늘바라기
   (오늘의 중보기도)

> 우리가 지켜야 할 본래의 자리, 본래의 시간으로 돌아가게 하소서.(느헤미야 13:15-22)

8. 도래샘(삶 돌아보기) 물수제비가 물을 건너는 것은

의도와 각도 때문

- 물수제비

1. 오늘의 성서일과

2. 꽃물(말씀 새기기)

3. 마중물(말씀 묵상)

4. 두레박(질문)

5. 손우물(한 줄 기도)

6. 나비물(말씀의 실천)

7. 하늘바라기
   (오늘의 중보기도)

약점을 어루만지시는 하나님

1. 오늘의 성서일과 이사야 58:9b-14, 시편 103:1-8 *예레미야 1:4-10*
　　　　　　　　　　　히브리서 12:18-29 *시편 71:1-6*
　　　　　　　　　　　누가복음 13:10-17

2. 꽃물(말씀 새기기)

그런 다음에, 주님께서 손을 내밀어 내 입에 대시고, 내게 말씀하셨다. "내가 내 말을 네 입에 맡긴다."(예레미야 1:9)

3. 마중물(말씀 묵상)

하나님이 예레미야를 예언자로 부르신다. 예레미야는 갑작스러운 부름에 당황하지만, 하나님은 모태에서 짓기도 전에 선택하고, 태어나기도 전에 그를 거룩하게 구별하여 뭇 민족에게 보낼 예언자로 세웠다. 주님의 생각은 우리의 생각을 훨씬 앞선다. 주님은 손을 내밀어 예레미야의 입에 댄다. 왜 입에 손을 댔을까? 하나님의 부르심 앞에 "저는 말을 잘 할 줄 모릅니다." 하며 발을 빼려 했기 때문이었다. 하나님은 하나님의 사람을 부르실 때 그의 약점을 가만히 어루만지신다.

4. 두레박(질문)

모태에 짓기도 전에 선택했다는 말을 어떻게 실감할 수 있을까?
약점을 어루만지시는 하나님은 나의 어디를 어루만지실까?

5. 손우물(한 줄 기도)

약점을 어루만지시는 주님께 내 모든 것을 맡기게 해주십시오.

6. 나비물(말씀의 실천)

마음이 괴로울 때 주님께 피하기.(시편 71:1-6)

7. 하늘바라기
　(오늘의 중보기도)

갈라진 벽을 고친 사람이라는 말을 듣는 교회와 그리스도인이 되게 하소서.(이사야 58:9b-14)

8. 도래샘(삶 돌아보기)　무릇 바다란
하늘의 뜨거운 눈물일지도

- 바다

1. 오늘의 성서일과

2. 꽃물(말씀 새기기)

3. 마중물(말씀 묵상)

4. 두레박(질문)

5. 손우물(한 줄 기도)

6. 나비물(말씀의 실천)

7. 하늘바라기
   (오늘의 중보기도)

하나님의 결정적 약점

1. 오늘의 성서일과　　시편 109:21-31　　　　　*시편 10*
　　　　　　　　　　　　에스겔 20:1-17　　　　　*예레미야 7:1-15*
　　　　　　　　　　　　히브리서 3:7-4:11

2. 꽃물(말씀 새기기)

그러나 나는, 내 이름에 욕이 될까 봐, 그렇게 하지 못하였다. 이방 민족들이 보는 앞에서 이스라엘을 이끌어 냈는데, 바로 그 이방 사람들의 눈앞에서, 내 이름을 더럽히고 싶지 않았다.(에스겔 20:14)

3. 마중물(말씀 묵상)

하나님은 자판기가 아니다. 돈을 넣고 버튼만 누르면 원하는 것이 나오는, 자판기가 아니다. 물으면 대답하고, 기도하면 들어주고, 우리 마음대로 움직일 수 있는 분이 아니시다. 이스라엘의 장로 중 몇 사람이, 주님의 뜻을 물으려고 에스겔 앞에 앉았다. 그때 주님이 에스겔을 통해 말씀하신다. "너희가 나의 뜻을 물으려고 와 있느냐? 나는 너희가 묻는 것을 허락하지 않겠다." 네가 오히려 그들을 심판해야 하지 않겠느냐며 그들이 지은 죄를 열거하신다. 반복되는 죄악들, 그런데 하나님은 하나님의 약점을 스스로 드러내신다. 하나님의 이름에 욕이 될까 봐 진노를 거두어들이신다. 하나님에게 불가능한 것이 당신 백성을 버리시는 것, 하나님의 결정적 약점이다.

4. 두레박(질문)

하나님의 결정적 약점을 악용할 때, 하나님의 마음은 얼마나 아프실까?

5. 손우물(한 줄 기도)

하나님의 사랑의 약점을 나를 위해 악용하지 않게 해주십시오.

6. 나비물(말씀의 실천)

하나님의 말씀을 가감 없이 전하기.(예레미야 7:1-15)

7. 하늘바라기
　(오늘의 중보기도)

믿는 자들 중 살아 계신 하나님을 떠나는 사람이 아무도 없게 하소서.(히브리서 3:7-4:11)

8. 도래샘(삶 돌아보기)　세상에는
　　　　　　　　　　　　보이는 대로 말할 수 없는 것이 있어

- 말할 수 없는 것

1. 오늘의 성서일과

2. 꽃물(말씀 새기기)

3. 마중물(말씀 묵상)

4. 두레박(질문)

5. 손우물(한 줄 기도)

6. 나비물(말씀의 실천)

7. 하늘바라기
   (오늘의 중보기도)

주님의 열쇠

1. 오늘의 성서일과
시편 109:21-31
에스겔 20:18-32
요한계시록 3:7-13

시편 10
예레미야 7:16-26

2. 꽃물(말씀 새기기)

> 빌라델비아 교회의 심부름꾼에게 이렇게 써 보내라. 거룩하신 분, 참되신 분, 다윗의 열쇠를 가지고 계신 분, 여시면 닫을 사람이 없고 닫으시면 열 사람이 없는 그분이 말씀하신다.(요한계시록 3:7)

3. 마중물(말씀 묵상)

> 주님은 열쇠를 가지고 계신 분이다. 그 열쇠가 특별하다. 주님이 가진 그 열쇠로 주님이 열면 닫을 사람이 없고 주님이 닫으면 열 사람이 없기 때문이다. 세상의 자물쇠야 제아무리 단단하게 잠그고 비밀번호를 어렵게 만들어도, 얼마든지 열쇠공이 쉽게 열고 닫을 수가 있는데, 주님의 열쇠는 그럴 수가 없는 것이다. 열면 닫을 사람이 없고, 닫으면 열 사람이 없는 주님의 열쇠, 그 열쇠가 우리의 삶을 지키고 있다. 주님이 닫으면 괴로움이 다가오지 못하고, 주님이 열면 주님이 주시는 복을 막을 자가 없다. 가히 의지해야 할 열쇠를 주님이 가지고 계시다.

4. 두레박(질문)

> 열쇠의 주인은 주님, 그 열쇠를 우리가 마음대로 쓸 수 있다고 생각하는 것은 큰 어리석음 아닐까?

5. 손우물(한 줄 기도)

> 우리가 풀 수 없는 삶의 수많은 문제 앞에서 주님의 열쇠를 바라봅니다.

6. 나비물(말씀의 실천)

> 중보기도하기, 어려운 이들을 위해 기도하기.(예레미야 7:16-26)

7. 하늘바라기
　(오늘의 중보기도)

> 아무도 도울 이 없는 이들을 주님이 도우소서.(시편 109:21-31)

8. 도래샘(삶 돌아보기)

스스로 아름다운 것은
아름답다는 말에 기대지 않고

-아름다움

1. 오늘의 성서일과

2. 꽃물(말씀 새기기)

3. 마중물(말씀 묵상)

4. 두레박(질문)

5. 손우물(한 줄 기도)

6. 나비물(말씀의 실천)

7. 하늘바라기
   (오늘의 중보기도)

일어나서 가운데 서라

1. 오늘의 성서일과   시편 109:21-31   *시편 10*
                        에스겔 20:33-44   *예레미야 7:27-34*
                        누가복음 6:6-11

2. 꽃물(말씀 새기기)

예수께서 그들의 생각을 아시고, 손이 오그라든 사람에게 말씀하셨다. "일어나서, 가운데 서라." 그래서 그는 일어나서 섰다.(누가복음 6:8)

3. 마중물(말씀 묵상)

안식일을 맞은 회당, 그 안에 서로 다른 시선 두 개가 충돌한다. 하나는 칼날 같이 날카로운 시선이고, 하나는 솜털처럼 따뜻한 시선이다. 오른쪽 손이 마른 이가 회당을 찾았다. 삶의 아픔 때문이었을까, 그는 어느 구석진 자리를 택했다. 예수님이 그를 눈여겨보시고 가운데로 부르신다. 그런 예수님을 삐딱한 눈으로 바라보는 이들이 있었으니, 안식일에 사람을 고치는가를 확인하려는 이들이었다. 예수님은 가장자리를 더 눈여겨보신다. 우리가 삶의 가장자리로 떠밀릴 때, 주님은 우리에게 말씀하신다. 일어나서 가운데 서라고.

4. 두레박(질문)

나를 잡으려는 도끼눈을 알면서도 손 마른 사람을 고치시는 용기는 어디에서 온 것일까?

5. 손우물(한 줄 기도)

가장자리로 떠밀린 우리를 중심으로 부르시는 주님, 고맙습니다.

6. 나비물(말씀의 실천)

가장자리로 떠밀린 이들을 중심으로 초대하기.

7. 하늘바라기
   (오늘의 중보기도)

주님을 멀리 떠난 이들을 주님께서 다시 불러 모아 주십시오.(에스겔 20:33-44)

8. 도래샘(삶 돌아보기)   견고한 바위에 금을 내는 것이
                            물과 풀이라니
                            -금

1. 오늘의 성서일과

2. 꽃물(말씀 새기기)

3. 마중물(말씀 묵상)

4. 두레박(질문)

5. 손우물(한 줄 기도)

6. 나비물(말씀의 실천)

7. 하늘바라기
   (오늘의 중보기도)

주님의 얼굴

1. 오늘의 성서일과
시편 112
잠언 15:13-17
베드로전서 3:8-12

시편 81:1, 10-16
예레미야 11:1-17

2. 꽃물(말씀 새기기)

주님의 눈은 의인들을 굽어보시고, 주님의 귀는 그들의 간구를 들으신다. 그러나 주님은 악을 행하는 자들에게서는 얼굴을 돌리신다.(베드로전서 3:12)

3. 마중물(말씀 묵상)

친구들이 모처럼 집에 모여 수다를 떨 때에도, 아기를 옆방에 재운 엄마는 수다보다도 아기에게 집중한다. 같이 웃고 떠들면서도 귀를 아기에게로 향한다. 아기가 잠에서 깨어 보채는 것은 아닌지, 자주 눈길이 아기가 잠든 방으로 간다. 하나님이 꼭 그러신다. 하나님의 눈은 의인들을 굽어보시고, 하나님의 귀는 의인들의 간구를 들으신다. 그것이 하나님의 사랑이다. 그러나 악인에게는 다르다. 얼굴을 돌리신다. 하나님이 얼굴을 돌리시는 것, 그것이 이미 악인에게 내리시는 벌이다.

4. 두레박(질문)

하나님이 얼굴을 돌리시는 것이 이미 자신에게 내리시는 벌이라는 것을 악인들은 알까?

5. 손우물(한 줄 기도)

주님의 얼굴이 나를 향하는, 그것이 큰 복임을 잊지 않게 해주십시오.

6. 나비물(말씀의 실천)

밝은 얼굴빛으로 살기.(잠언 15:13-17)

7. 하늘바라기
(오늘의 중보기도)

악인의 욕망이 헛되다는 것을 보여 주소서.(시편 112)

8. 도래샘(삶 돌아보기)

당신이 아니라 하실 때까지
저는 당신의 도구입니다
- 도구

1. 오늘의 성서일과

2. 꽃물(말씀 새기기)

3. 마중물(말씀 묵상)

4. 두레박(질문)

5. 손우물(한 줄 기도)

6. 나비물(말씀의 실천)

7. 하늘바라기
   (오늘의 중보기도)

허다한 죄를 덮는 사랑

1. 오늘의 성서일과
시편 112
잠언 18:6-12
베드로전서 4:7-11

시편 81:1, 10-16
예레미야 12:1-13

2. 꽃물(말씀 새기기)

무엇보다도 먼저 서로 뜨겁게 사랑하십시오. 사랑은 허다한 죄를 덮어 줍니다.(베드로전서 4:8)

3. 마중물(말씀 묵상)

만물의 마지막이 가까웠을 때일수록, 믿는 자들이 지켜야 할 중요한 것이 있다. 하나는 기도고, 다른 하나는 사랑이다. 가장 먼저 말씀하는 것이 기도고, 무엇보다도 마음을 기울여야 할 것이 사랑이다. 기도와 사랑, 가히 마음에 새길 말씀이다. 사랑은 허다한 죄를 덮는다. 허다한 죄를 덮는다는 것은, 다시 살게 한다는 의미일 것이다. '애지욕기생'(愛之欲其生), 누군가를 사랑한다는 것은 그 사람이 살게끔 하는 것이다. 다시 살게 하는 것, 그것이 사랑이다. 사랑밖에는 없다.

4. 두레박(질문)

어찌하여 악인들이 형통하며, 배신자들이 잘 되기만 하는 것일까?(예레미야 12:1-13)

5. 손우물(한 줄 기도)

뜨거운 사랑으로 서로를 살리는 삶을 살게 해주십시오.

6. 나비물(말씀의 실천)

죄를 옹호하지 않기.(잠언 18:6-12)

7. 하늘바라기
　(오늘의 중보기도)

우리 사회가 죄를 옹호하는 일이 없게 하소서.

8. 도래샘(삶 돌아보기)
미숙함 때문일까요
채움보다 비움이 어렵습니다

- 미숙함

1. 오늘의 성서일과

2. 꽃물(말씀 새기기)

3. 마중물(말씀 묵상)

4. 두레박(질문)

5. 손우물(한 줄 기도)

6. 나비물(말씀의 실천)

7. 하늘바라기
　(오늘의 중보기도)

무엇인지도 모르고

1. 오늘의 성서일과   시편 112   *시편 81:1, 10-16*
                        잠언 21:1-4, 24-26   *예레미야 2:1-3, 14-22*
                        마태복음 20:20-28

2. 꽃물(말씀 새기기)

예수께서 대답하셨다. "너희는 너희가 구하는 것이 무엇인지도 모르고 있다. 내가 마시려는 잔을 너희가 마실 수 있겠느냐?" 그들이 대답하였다. "마실 수 있습니다."(마태복음 20:22)

3. 마중물(말씀 묵상)

무식하면 용감하다는 말이 있다. 모르면서, 모르기에 하는 일들이 있다. 신앙생활도 예외가 아니다. 내가 무엇을 구하는 줄도 모르고 구할 때가 있다. 내가 하는 대답이 어떤 의미인지를 모르고 대답할 때가 있다. 구하는 것이 무엇인지도 모르고 주님께 구하고, 대답하는 것이 무엇인지도 모르고 대답을 하는 야고보와 요한이 그러하다. 모두가 신앙 밖에서 되어질 일들, 그런데 신앙 안에서 신앙의 이름으로 행해지니 안타까울 뿐이다.

4. 두레박(질문)

'내가 마시려는 잔'의 의미를 나중에 알게 되었을 때, 그들의 마음은 어떠했을까?

5. 손우물(한 줄 기도)

구하는 것과 대답하는 것의 의미를 분명하게 알게 해주십시오.

6. 나비물(말씀의 실천)

참된 자유 누리기.(예레미야 2:1-3, 14-22)

7. 하늘바라기
   (오늘의 중보기도)

이 땅의 교회가 주님의 영광을 회복하게 하소서.

8. 도래샘(삶 돌아보기)   빛이 되는 말이 있고
                            비수가 되는 말이 있고
                            - 말

1. 오늘의 성서일과

2. 꽃물(말씀 새기기)

3. 마중물(말씀 묵상)

4. 두레박(질문)

5. 손우물(한 줄 기도)

6. 나비물(말씀의 실천)

7. 하늘바라기
   (오늘의 중보기도)

기준의 전복

1. 오늘의 성서일과   잠언 25:6-7, 시편 112   *예레미야 2:4-13*

히브리서 13:1-8, 15-16   *시편 81:1, 10-16*

누가복음 14:1, 7-14

2. 꽃물(말씀 새기기)

그리하면 네가 복될 것이다. 그들이 네게 갚을 수 없기 때문이다. 의인들이 부활할 때에, 하나님께서 네게 갚아 주실 것이다.(누가복음 14:14)

3. 마중물(말씀 묵상)

살아가다 보면 누군가의 초대를 받을 때가 있고, 누군가를 초대할 때가 있다. 각각의 기준이 우리에게는 있다. 가까운 사람, 고마운 사람, 친한 사람 등이다. 예수님이 말하는 기준은 우리의 기준과 다르다. 완전히 다르다. 초대를 받았을 때는 높은 자리가 아니라 가장 낮은 자리에 앉으라고 한다. 누군가를 초대할 때는 갚지 못할 사람들을 초대하라 하신다. 자연스럽게 우리 마음에 자리 잡고 있는 삶의 기준을 주님은 전복하신다.

4. 두레박(질문)

낮은 자리에 앉는 것을 높은 자리로 오르기 위한 수단으로 삼을 때는 없을까?

5. 손우물(한 줄 기도)

삶의 기준을 전복하시는 주님의 기준을 따를 수 있는 용기를 주십시오.

6. 나비물(말씀의 실천)

아직도 버리지 못한 기준을 이제는 버리기

7. 하늘바라기
   (오늘의 중보기도)

우리 사회가 경제적 여유로 하나님의 뜻을 외면하지 않게 하소서.

8. 도래샘(삶 돌아보기)   세월은 한 척의 작은 배

언제 어디에 닿을지 알 수 없는

- 세월

1. 오늘의 성서일과

2. 꽃물(말씀 새기기)

3. 마중물(말씀 묵상)

4. 두레박(질문)

5. 손우물(한 줄 기도)

6. 나비물(말씀의 실천)

7. 하늘바라기
   (오늘의 중보기도)

등을 돌린 사람들

1. 오늘의 성서일과　　시편 119:65-72　　　　　　*시편 58*
　　　　　　　　　　　　역대하 12:1-12　　　　　　*예레미야 2:23-37*
　　　　　　　　　　　　히브리서 13:7-21

2. 꽃물(말씀 새기기)

> 그들은 나무를 보고 '나의 아버지'라 하고, 돌을 보고 '나의 어머니'라고 하였다. 그들은 나에게 등을 돌리면서도, 얼굴은 돌리지 않고 있다가, 환난을 당할 때에는 '오셔서, 우리를 구하여 주십시오' 하고 부르짖는다.(예레미야 2:27)

3. 마중물(말씀 묵상)

> 하나님의 백성들이 스스로 신을 만들어 섬긴다. 성읍의 수만큼 많은 신들을 만들었다. 스스로 만들었으니 신이 아니라는 것을 누구보다 잘 알 터, 그런데도 그것을 섬기는 것이 인간이다. 그들의 신앙은 어처구니가 없어 나무를 보고 '나의 아버지'라 하고, 돌을 보고 '나의 어머니'라고 한다. 그들은 하나님을 향하여 등은 돌리고 얼굴은 돌리지 않고 있다. 어려움을 당하면 도와달라고 빌기 위해서이다. 등은 돌리고 얼굴은 남긴, 혹시 오늘 우리들의 모습이 그런 것 아닐까 모르겠다.

4. 두레박(질문)

> 우상을 만들고 그것을 섬기는 사람들의 심리는 무엇일까? 내가 조정하기 위함은 아닐까?

5. 손우물(한 줄 기도)

> 헛된 우상에 기대는 일이 없게 해주십시오.

6. 나비물(말씀의 실천)

> 동시에 동서남북으로 가려고 하지 않기.

7. 하늘바라기
　　(오늘의 중보기도)

> 이 땅을 심판하시는 하나님은 살아 계시는구나 하고 말할 수 있게, 이 땅의 공의를 회복해 주십시오.(시편 58)

8. 도래샘(삶 돌아보기)　　나무를 흔드는 것은 강한 바람이지만
　　　　　　　　　　　　　　마음을 흔드는 것은 큰 목소리가 아니어서

　　　　　　　　　　　　　　－목소리

년   월   일   요일

1. 오늘의 성서일과

2. 꽃물(말씀 새기기)

3. 마중물(말씀 묵상)

4. 두레박(질문)

5. 손우물(한 줄 기도)

6. 나비물(말씀의 실천)

7. 하늘바라기
   (오늘의 중보기도)

137

마침내 낮아지는 날

1. 오늘의 성서일과

시편 119:65-72

이사야 2:12-17

디도서 1:1-9

시편 58

예레미야 3:1-14

2. 꽃물(말씀 새기기)

그 날은 만군의 주님께서 준비하셨다. 모든 교만한 자와 거만한 자, 모든 오만한 자들이 낮아지는 날이다.(사 2:12)

3. 마중물(말씀 묵상)

교만하고 거만하고 오만한 자들을 바라보는 것은 큰 괴로움이다. 그들은 원하는 것들을 마음대로 할 수 있다 자랑하며 떵떵거리고 산다. 보란 듯이 악을 행하고 선한 이들을 함부로 짓밟는다. 그들을 보면 마치 그들이 하나님이 된 것 같다. 그들을 막을 자가 세상에는 보이지가 않아 그들의 권세가 영원할 것처럼 보인다. 하지만 주님의 날이 온다. 그날이 오면 모든 교만한 자, 거만한 자, 오만한 자들이 낮아진다. 마침내 주님의 날이 찾아온다.

4. 두레박(질문)

교만한 자를 낮추시는 주님의 날은 기다리기만 하면 오는 걸까? 기다림이 최선일까?

5. 손우물(한 줄 기도)

교만한 자들 때문에 낙심하는 일이 없게 해주십시오.

6. 나비물(말씀의 실천)

부정한 이득을 탐하지 않기.(디도서 1:1-9)

7. 하늘바라기
  (오늘의 중보기도)

이 땅의 교회가 먼저 회개의 무릎을 꿇게 하소서.(예레미야 3:1-14)

8. 도래샘(삶 돌아보기)

숨 쉬기조차 어려울 때면

진흙덩이에 숨을 불어넣으신 당신을 생각합니다

-숨

1. 오늘의 성서일과

2. 꽃물(말씀 새기기)

3. 마중물(말씀 묵상)

4. 두레박(질문)

5. 손우물(한 줄 기도)

6. 나비물(말씀의 실천)

7. 하늘바라기
   (오늘의 중보기도)

아무도

1. 오늘의 성서일과
시편 119:65-72
이사야 57:14-21
누가복음 14:15-24

시편 58
예레미야 3:15-25

2. 꽃물(말씀 새기기)

내가 너희에게 말한다. 초대를 받은 사람들 가운데서는, 아무도 나의 잔치를 맛보지 못할 것이다.(누가복음 14:24)

3. 마중물(말씀 묵상)

주님의 말씀 중에는 과격하게 여겨지는 말씀이 있다. 단호한 말씀일수록 그러하다. 어떤 사람이 큰 잔치를 베풀고, 많은 사람을 초대한다. 잔치 시간이 되자 종을 보내서 초대받은 사람들을 오라고 전한다. 그들은 가겠다고 대답한 사람들일 것이다. 막상 잔치가 열리자 그들은 하나같이 핑계를 대며 오지 않는다. 다른 이들로 자리를 채우게 한 주인이 단호하게 말한다. 초대를 받은 사람들 가운데서는, 아무도 나의 잔치를 맛보지 못할 것이다. 그 말을 서늘하게 들은 이는 누구였을까?

4. 두레박(질문)

초대를 받고 오지 않은 이들은 구체적으로 어떤 사람들을 말할까?

5. 손우물(한 줄 기도)

초대 받은 것을 구원받은 것과 동일시하지 않게 해주십시오.

6. 나비물(말씀의 실천)

마음에 맞는 목자 되기.(예레미야 3:15-25)

7. 하늘바라기
　(오늘의 중보기도)

말로 평화를 창조하시는 주님, 이 땅에서 난폭하고 저급한 언어가 사라지게 하소서.(이사야 57:14-21)

8. 도래샘(삶 돌아보기)

가슴으로 말뚝이 박히면
뽑아야 하는 건지 두어야 하는 건지

- 말뚝

1. 오늘의 성서일과

2. 꽃물(말씀 새기기)

3. 마중물(말씀 묵상)

4. 두레박(질문)

5. 손우물(한 줄 기도)

6. 나비물(말씀의 실천)

7. 하늘바라기
   (오늘의 중보기도)

어느 날의 기도

살아가는 모든 사람들이
아름다울 때
존재하는 모든 것들이
사랑스러울 때
그 모든 것을 향해
조용히
미소 지을 때
문득
당신에게
눈뜰 때

무엇보다 우선해야 할 것

1. 오늘의 성서일과   시편 1   *시편 139:1-6, 13-18*

                                     창세기 39:1-23   *예레미야 15:10-21*

                                     빌립보서 2:25-30

2. 꽃물(말씀 새기기)

그는 시냇가에 심은 나무가 철따라 열매를 맺으며 그 잎이 시들지 아니함 같으니, 하는 일마다 잘 될 것이다.(시편 1:3)

3. 마중물(말씀 묵상)

복 있는 사람의 반대말이 악인이다. 악의 길을 걷지 않는 사람이 복 있는 사람이다. 1절의 '서다', '걷다', '앉다'는 일종의 점층법, 그것이 선이든 악이든 마음에 씨앗처럼 들어오면 자라게 된다. 악인의 길에서는 일부터 삼가야 한다. 복 있는 사람에게는 열매가 자연스럽게 뒤따라온다. 애써 열매를 맺으려 하지 않아도 열매를 맺는다. 무엇보다 우선해야 할 것은 존재다.

4. 두레박(질문)

잡초가 물을 주지 않아도 잘 자라는 것처럼, 악도 그런 것일까?
돌보지 않으면 선은 자라지 않는데, 악은 왜 방치하면 무성해지는 것일까?

5. 손우물(한 줄 기도)

시냇가에 심은 나무를 꿈꾸기 전, 존재가 달라지게 하소서.

6. 나비물(말씀의 실천)

내 안에 남아 있는 헛된 욕망 버리기.(창세기 39장)

7. 하늘바라기
    (오늘의 중보기도)

삶의 열매가 없어 고통 받는 이들이 있습니다. 바람에 날려가는 겨에서 시냇가에 심은 나무로 달라지게 하소서.

8. 도래샘(삶 돌아보기)   흔들리지 않으면

기웃대지 않으면

- 뿌리

1. 오늘의 성서일과

2. 꽃물(말씀 새기기)

3. 마중물(말씀 묵상)

4. 두레박(질문)

5. 손우물(한 줄 기도)

6. 나비물(말씀의 실천)

7. 하늘바라기
   (오늘의 중보기도)

숨을 수도 감출 수도 없다

1. 오늘의 성서일과   시편 1   *시편 139:1-6, 13-18*
　　　　　　　　　　　 신명기 7:12-26   *예레미야 16:14-17:4*
　　　　　　　　　　　 골로새서 4:7-17

2. 꽃물(말씀 새기기)

내가 혀를 놀려 아무 말 하지 않아도 주님께서는 내가 하려는 말을
이미 다 알고 계십니다.(시편 139:4)

3. 마중물(말씀 묵상)

흔히 미련한 이를 두고 꿩 대가리 같다고 한다. 꿩은 몸이 무거워 한
번 날다가 내려앉으면 주로 뛰어가는데, 눈밭에서는 그마저 쉽지 않
아 대가리를 눈밭에 처박는다는 것이다. 내 눈에 사냥꾼이 보이지 않
는다고 안심하는 것이니, 대가리라는 말을 들을만하다. 우리가 하나
님 앞에서 그럴 때가 얼마나 많을까? 말로 마음을 가리려 하고, 말로
마음을 숨기려 하니 말이다. 말을 하지 않아도 무슨 말 할지를 아시는
분 앞에서.

4. 두레박(질문)

마음을 만드신 분 앞에서 마음을 감출 수 있다는 심보는 어디에서 온
것일까?

5. 손우물(한 줄 기도)

말로 마음을 감추거나 가리는 일이 없게 해주십시오.

6. 나비물(말씀의 실천)

목회에 힘이 되었던 이들을 하나하나 떠올리며 감사하기.(골로새서 4:7-
17)

7. 하늘바라기
　（오늘의 중보기도）

바람에 나는 겨와 같은 이들이 주님께로 돌아와 시냇가에 심은 나무
가 되게 하소서.

8. 도래샘(삶 돌아보기)   우리의 가슴속엔 소금기가 있어
　　　　　　　　　　　　　서로를 안으면 바다가 일렁이고
　　　　　　　　　　　　　- 바다

1. 오늘의 성서일과

2. 꽃물(말씀 새기기)

3. 마중물(말씀 묵상)

4. 두레박(질문)

5. 손우물(한 줄 기도)

6. 나비물(말씀의 실천)

7. 하늘바라기
   (오늘의 중보기도)

빈정거리는 사람들

1. 오늘의 성서일과 시편 1   시편 139:1-6, 13-18
                          신명기 29:2-20   예레미야 17:14-27
                          마태복음 10:34-42

2. 꽃물(말씀 새기기)

> 백성이 저에게 빈정거리는 말을 들어 보십시오. "주님께서는 말씀으로만 위협하시지, 별 것도 아니지 않으냐! 어디 위협한 대로 되게 해 보시지!" 합니다.(예레미야 17:15)

3. 마중물(말씀 묵상)

> 말씀을 피하는 가장 좋은 방법은 무엇일까? 무시하고 빈정거리기일 것이다. 말씀을 전하는 자에게 줄 수 있는 가장 견디기 어려운 수모는 무엇일까? 역시 무시와 빈정거림 아닐까? 주님의 말씀을 전하는데 전혀 듣지 않는 채 비웃기만 한다면, 전하는 이를 무시하고 전하는 말씀을 악의적으로 왜곡하기도 한다면, 예레미야가 전하는 말을 듣고 사람들은 빈정거렸다. 하물며 예레미야가 전할 때도 그랬다.

4. 두레박(질문)

> 말씀을 전하는 사람이나 말씀 자체를 빈정거리는 태도와 마음은 어디에서 오는 걸까?

5. 손우물(한 줄 기도)

> 말씀을 전하다 낙심하는 일이 없게 해주십시오.

6. 나비물(말씀의 실천)

> 주님보다 더 사랑하는 것 내려놓기.(마태복음 10:34-42)

7. 하늘바라기
   (오늘의 중보기도)

> 화와 복이 우리 앞에 있음을 알아 복의 길을 택할 수 있게 도우소서.(신명기 29:2-20)

8. 도래샘(삶 돌아보기) 참으로 우스꽝스러운 일
                          누군가의 해학을 따지고 드는 일

                          - 해학

1. 오늘의 성서일과

2. 꽃물(말씀 새기기)

3. 마중물(말씀 묵상)

4. 두레박(질문)

5. 손우물(한 줄 기도)

6. 나비물(말씀의 실천)

7. 하늘바라기
 (오늘의 중보기도)

그대의 승낙이 없이는

1. 오늘의 성서일과 신명기 30:15-20, 시편 1   *예레미야 18:1-11*
빌레몬서 1:1-21   *시편 139:1-6, 13-18*
누가복음 14:25-33

2. 꽃물(말씀 새기기)

> 그대의 승낙이 없이는 아무것도 하고 싶지 않았습니다. 나는 그대가 선한 일을 마지못해서 하지 않고, 자진해서 하기를 원하기 때문입니다.(빌레몬서 1:14)

3. 마중물(말씀 묵상)

> 좋은 일을 할 때일수록 과정이 중요하다. 좋은 일을 하는 사람들이 흔히 빠지는 함정이 있다. 내가 하는 일이 좋은 일이라는 생각 때문에 과정을 무시한다. 과정이야 어찌됐든 좋은 일이라는 확신 때문이다. 하지만 과정을 무시하면 하려는 일의 의미가 퇴색하거나 상실되고 만다. 하려는 일이 좋은 일일수록 그 과정도 옳아야 한다. 강요나 무시 등 무례함 없이 일을 하는 바울의 모습을, 그의 믿음 못지않게 배워야 한다.

4. 두레박(질문)

> 바울이 오네시모에 관한 일을 일방적으로 밀어붙였다면 그 결과가 어땠을까?

5. 손우물(한 줄 기도)

> 좋은 일을 하되 세심하고 바른 과정을 통해서 하게 해주십시오.

6. 나비물(말씀의 실천)

> 주님의 손 안에서 굳어지지 않기.(예레미야 18:1-11)

7. 하늘바라기
　　(오늘의 중보기도)

> 소유보다 중요한 것이 믿음임을 알고 주님을 따르는 이들이 많아지게 하소서.(누가복음 14:25-33)

8. 도래샘(삶 돌아보기) 정말로 듣고 싶은 것은
꽁꽁 가슴에 쟁여둔 말

- 듣고 싶은 말

1. 오늘의 성서일과

2. 꽃물(말씀 새기기)

3. 마중물(말씀 묵상)

4. 두레박(질문)

5. 손우물(한 줄 기도)

6. 나비물(말씀의 실천)

7. 하늘바라기
   (오늘의 중보기도)

주 너희의 하나님만을

1. 오늘의 성서일과　시편 101　　　　　　　　　*시편 2*

열왕기하 17:24-41　　　　　*예레미야 18:12-23*

디모데전서 3:14-4: 5

2. 꽃물(말씀 새기기)

오직 너희는 주 너희의 하나님만을 경외하여야 한다. 그분만이 너희
를 모든 원수의 손에서 구원하여 주실 것이다.(열왕기하 17:39)

3. 마중물(말씀 묵상)

사마리아에 여러 민족이 어울려 살게 된다. 당연히 그들이 섬기는 신
들이 따라온다. 시간이 지나가며 신들이 섞인다. 이것도 믿고 저것도
믿는 이들이 생겨난 것이다. 하나님을 믿는 사람도 마찬가지였다. 하
나님도 믿고 다른 신도 믿는 이들이 생겨났다. 동시(同時)에 동서(東西)
로 갈 수 없다. 동쪽으로 가려면 서쪽을 등져야 갈 수 있다. 하나님과
함께 다른 신을 받아들였던 사마리아 사람들, 오늘 이 땅의 교회와 기
독교인이 우린 아니라고 자신 있게 말할 수 있을지 모르겠다.

4. 두레박(질문)

몇 개의 신을 함께 섬기면 마음이 편하고 든든해질까?
오늘 하나님과 함께 은밀하게 함께 섬기고 있는 것이 있다면 무엇일
까?

5. 손우물(한 줄 기도)

하나님 아닌 것을 하나님처럼 섬기는 일이 없게 해주십시오.

6. 나비물(말씀의 실천)

선을 악으로 갚지 않기.(예레미야 18:12-23)

7. 하늘바라기
　(오늘의 중보기도)

존경받아 마땅한 사람이 존경을 받는 세상이 오게 하소서.

8. 도래샘(삶 돌아보기)　바위산처럼 듬직하다가도 깃털처럼 가벼운

때때로 인간이란

- 인간

152

1. 오늘의 성서일과

2. 꽃물(말씀 새기기)

3. 마중물(말씀 묵상)

4. 두레박(질문)

5. 손우물(한 줄 기도)

6. 나비물(말씀의 실천)

7. 하늘바라기
  (오늘의 중보기도)

먼저 살펴야 할 것

1. 오늘의 성서일과

시편 101   *시편 2*
열왕기하 18:9-18   *예레미야 19:1-15*
디모데전서 4:6-16

2. 꽃물(말씀 새기기)

그대 자신과 그대의 가르침을 살피십시오. 이런 일을 계속하십시오. 이렇게 함으로써, 그대 자신도 구원하고, 그대의 말을 듣는 사람들도 구원할 것입니다.(디모데전서 4:16)

3. 마중물(말씀 묵상)

먼저 살펴야 할 것이 있다. 먼저 살피지 못하면 나머지 것들이 소용이 없어지고 만다. 말씀을 전하는 자가 먼저 살펴야 할 것은 자기 자신과 자신이 전하는 가르침이다. 무조건 가르치려고만 하다 보면, 자기 자신과 자신의 가르침이 잘못된 것을 눈치채지 못하게 된다. 살피되 늘 살펴야 한다. 그렇게 해야만 자기 자신뿐 아니라 그 말을 듣는 사람들도 구원할 수 있게 된다. 남을 구원하고 자기가 구원받지 못하는 것은 희극에 가까운 비극이기 때문이다.

4. 두레박(질문)

가르치는 사람은 왜 자기 자신과 자기의 가르침으로 돌아보지 않게 될까?
자신을 구원하지 못하는 자가 남을 구원하는 일이 가능할까?

5. 손우물(한 줄 기도)

남을 가르치기 전에 먼저 나를 살피게 해주십시오.

6. 나비물(말씀의 실천)

내 집에서부터 흠이 없는 마음으로 살기.(시편 101)

7. 하늘바라기
   (오늘의 중보기도)

이 땅의 교회가 한 번 깨지면 다시 쓸 수 없는, 깨진 항아리가 되지 않게 하소서.(예레미야 19:1-15)

8. 도래샘(삶 돌아보기)

넘어져도 깨어져도
놓을 수 없는 것이 있어

-놓은 수 없는 것

1. 오늘의 성서일과

2. 꽃물(말씀 새기기)

3. 마중물(말씀 묵상)

4. 두레박(질문)

5. 손우물(한 줄 기도)

6. 나비물(말씀의 실천)

7. 하늘바라기
   (오늘의 중보기도)

심장 속에서 불처럼 타올라

1. 오늘의 성서일과　시편 101　　　　　　　　　*시편 2*
　　　　　　　　　　　열왕기하 18:19-25, 19:1-7　　*예레미야 20:1-18*
　　　　　　　　　　　누가복음 18:18-30

2. 꽃물(말씀 새기기)

'이제는 주님을 말하지 않겠다. 다시는 주님의 이름으로 외치지 않겠다.' 하고 결심하여 보지만, 그때마다, 주님의 말씀이 나의 심장 속에서 불처럼 타올라 뼛속에까지 타들어가니, 나는 견디다 못해 그만 항복하고 맙니다.(예레미야 20:9)

3. 마중물(말씀 묵상)

예레미야의 고백에 마음이 아프다. 예언자란 하나님의 말씀을 받은 자, 자신의 생각의 체로 거르지 않고 있는 그대로 전달하는 자다. 그런데 백성들은 들으려고 하지 않는다. 오히려 조롱한다. 주님의 말씀 때문에 날마다 치욕과 모욕거리가 된다. 다시는 전하지 말아야지 다짐에 다짐을 하지만 소용이 없다. 다짐할 때마다 주님의 말씀이 심장 속에서 불처럼 타올라 뼛속에까지 타들어 가 결국은 항복을 하고 만다. 주님의 말씀은 심장 속에서 불처럼 타올라 뼛속에까지 타들어가는 것이다.

4. 두레박(질문)

내가 전한 주님의 말씀이 치욕과 모욕과 조롱으로 돌아오지 않았다는 것은, 사람들이 듣고 싶어하는 말을 전했기 때문은 아닐까?

5. 손우물(한 줄 기도)

사람의 눈치를 살피지 않고 하나님의 말씀을 전하게 해주십시오.

6. 나비물(말씀의 실천)

하나님의 말씀만 전하는 용기 갖기.(예레미야 20:1-18)

7. 하늘바라기
　（오늘의 중보기도）

믿는 자들이 세상 사람들에게 비난을 받지 않게 하소서.(열왕기하 18:19-25, 19:1-7)

8. 도래샘(삶 돌아보기)　마음이 견뎠으니
　　　　　　　　　　　　　몸도 따라 견디기를
　　　　　　　　　　　　　- 일기

1. 오늘의 성서일과

2. 꽃물(말씀 새기기)

3. 마중물(말씀 묵상)

4. 두레박(질문)

5. 손우물(한 줄 기도)

6. 나비물(말씀의 실천)

7. 하늘바라기
    (오늘의 중보기도)

하나님의 후회

1. 오늘의 성서일과

시편 51:1-10   *시편 14*

창세기 6:1-6   *예레미야 13:20-27*

디모데전서 1:1-11

2. 꽃물(말씀 새기기)

땅 위에 사람 지으셨음을 후회하시며 마음 아파하셨다.(창세기 6:6)

3. 마중물(말씀 묵상)

하나님에게서 찾아볼 수 없는 것이 있다면 '후회'일 것이다. 후회(後悔)란 이전의 잘못을 깨치고 뉘우치는 것, 하나님께는 도무지 어울리지 않는 말이다. 모든 것을 아시는 분에게 어찌 이전의 잘못이 있을 수가 있고, 뒤늦게 뉘우치는 일이 있을 수 있겠는가? 그것은 하나님의 완전에 금을 내는 일이다. 그런데 그것을 가능하게 하는 존재가 있다. 인간이다. 하나님의 형상을 따라 지음을 받았지만 마음에 생각하는 모든 계획이 언제나 악한 것 뿐, 인간을 바라보는 하나님이 후회를 하신다. 성경 어디에도 하나님이 자연을 바라보며 후회하셨다는 구절은 찾아볼 수가 없는데도.

4. 두레박(질문)

전지전능하신 하나님이 어찌 후회할 것을 알고도 인간을 창조하셨을까?

5. 손우물(한 줄 기도)

부디 하나님의 후회를 사는 사람은 되지 않게 해주십시오.

6. 나비물(말씀의 실천)

쓸데없는 토론에 빠지지 말기.(디모데전서 1:1-11)

7. 하늘바라기
   (오늘의 중보기도)

교회에서 전하는 가르침이 건전한 교훈이 되게 하소서.(디모데전서 1:1-11)

8. 도래샘(삶 돌아보기)

너는 본디 흙이라고

얼굴에 검버섯이 피어

- 검버섯

1. 오늘의 성서일과

2. 꽃물(말씀 새기기)

3. 마중물(말씀 묵상)

4. 두레박(질문)

5. 손우물(한 줄 기도)

6. 나비물(말씀의 실천)

7. 하늘바라기
   (오늘의 중보기도)

파멸로 몰려가는 사람들

1. 오늘의 성서일과　시편 51:1-10　　　　　　　*시편 14*
　　　　　　　　　　　창세기 7:6-10, 8:1-5　　　*예레미야 4:1-10*
　　　　　　　　　　　베드로후서 2:1-10a

2. 꽃물(말씀 새기기)

전에 이스라엘 백성 가운데 거짓 예언자들이 일어난 것과 같이, 여러
분 가운데도 거짓 교사들이 나타날 것입니다. 그들은 파멸로 몰고 갈
이단을 몰래 끌어들일 것입니다. 그래서 그들은 자기들을 값 주고 사
신 주님을 부인하고, 자기들이 받을 파멸을 재촉할 것입니다.(베드로후
서 2:1)

3. 마중물(말씀 묵상)

비슷한데 아닌 사이비(似而非), 처음은 같지만 끝이 다른 이단(異端)은
어느 시대에나 있다. 그것을 따르는 이들이 있기 때문이다. 거짓 예언
자와 거짓 교사들이야 그렇다 해도, 그들을 따르는 이들은 누구일까?
누구보다 그들은 종교적인 열심이 있다. 좀 더 자극적이고, 좀 더 분명
한 것을 원한다. 파멸로 몰고 가는 이들은 악하고, 파멸로 몰려가는 이
들은 불쌍하다. 자기만족의 결과가 파멸인 줄을 모르고 달려가다니!

4. 두레박(질문)

달려가는 길의 끝이 파멸이라는 것을 어찌 벼랑에서 떨어지기 전까
지 모르는 것일까?

5. 손우물(한 줄 기도)

파멸의 행렬에 동참하지 않게 해주십시오.

6. 나비물(말씀의 실천)

하나님을 찾는 사람 되기.(시편 14)

7. 하늘바라기
　(오늘의 중보기도)

이제라도 굵은 베옷을 허리에 두르고 탄식하며 슬피 울게 하소서.(예
레미야 4:1-10)

8. 도래샘(삶 돌아보기)　오랫동안 열리지 않는 문은
　　　　　　　　　　　벽과 다를 것이 없어서

　　　　　　　　　　　- 문과 벽

1. 오늘의 성서일과

2. 꽃물(말씀 새기기)

3. 마중물(말씀 묵상)

4. 두레박(질문)

5. 손우물(한 줄 기도)

6. 나비물(말씀의 실천)

7. 하늘바라기
　(오늘의 중보기도)

다른 양들

1. 오늘의 성서일과   시편 51:1-10   *시편 14*
                         창세기 8:20-9:7   *예레미야 4:13-21, 29-31*
                         요한복음 10:11-21

2. 꽃물(말씀 새기기)

나에게는 이 우리에 속하지 않은 다른 양들이 있다. 나는 그 양들도 이끌어 와야 한다. 그들도 내 목소리를 들을 것이며, 한 목자 아래에서 한 무리 양떼가 될 것이다.(요한복음 10:16)

3. 마중물(말씀 묵상)

"침몰하고 있는 배를 구명정일 거라고 철석같이 믿으면서/ 철썩, 안심하고 가라앉는 종교를 보았느냐" 반칠환 시인의 시는 언제 떠올려도 아리다. 시 제목인 〈우리들의 타이타닉〉 아래 부제가 달려 있었는데, '속도에 대한 명상'이었다. 시인은 우리의 시선 너머를 보고 있었다. 가라앉는 배 너머 가라앉는 속도까지 보고 있으니 말이다. 오늘 이 땅의 교회는 외딴 섬이 되었다. 자기만의 잔치를 벌인다. 우리에 속하지 않은 다른 양들이 있음을 애써 외면한다.

4. 두레박(질문)

주님이 생각하신 다른 양의 범위는 어디까지 일까? 우리가 생각하는 다른 양의 범위와 무엇이 다를까?

5. 손우물(한 줄 기도)

다른 양을 받아들일 수 있는 품을 갖게 해주십시오.

6. 나비물(말씀의 실천)

화려함을 좇지 않기.(예레미야 4:13-21, 29-31)

7. 하늘바라기
   (오늘의 중보기도)

하나님이 주신 자연을 잘 돌보게 하소서.(창세기 8:20-9:7)

8. 도래샘(삶 돌아보기)   엉엉 울어줄 사람 없어
                            엉엉 울고 싶을 때 있지

                            - 울고 싶을 때

1. 오늘의 성서일과

2. 꽃물(말씀 새기기)

3. 마중물(말씀 묵상)

4. 두레박(질문)

5. 손우물(한 줄 기도)

6. 나비물(말씀의 실천)

7. 하늘바라기
　　(오늘의 중보기도)

술꾼에 먹보

1. 오늘의 성서일과 출애굽기 32:7-14, 시편 51:1-10   *예레미야 4:11-12, 22-28*
디모데전서 1:12-17   *시편 14*
누가복음 15:1-10

2. 꽃물(말씀 새기기)

> 바리새파 사람들과 율법학자들은 투덜거리며 말하였다. "이 사람이
> 죄인들을 맞아들이고, 그들과 함께 음식을 먹는구나."(누가복음 15:2)

3. 마중물(말씀 묵상)

> 가끔 생각한다. 예수님이 오늘 오셔서 한 교회를 담임하여 목회를 한
> 다면 사람들의 반응은 어떨까? 병을 고친다고, 기적을 행한다고 구름
> 떼처럼 몰려들까? 임금으로 삼으려고 수선을 피울까? 혹시 말씀이 너
> 무 쉽고 짧다고, 오랫동안 지켜온 관행과 관례를 무시한다고, 죄인들
> 과 너무 자주 어울린다고 쫓겨나는 것은 아닐까? 술꾼에 먹보인 사람
> 을 누가 좋아할까? 그것이 예수님의 삶인데 오늘 이 땅의 목사들은
> 그럴 듯이 대접과 존경을 받는구나.

4. 두레박(질문)

> 믿는 자들에게 예수님이 술꾼과 먹보라는 사실이 왜 거슬리지 않는
> 것일까? 설마 그러셨을까, 하는 것은 아닐까?

5. 손우물(한 줄 기도)

> 예수님의 품을 마음 다해 배우게 해주십시오.

6. 나비물(말씀의 실천)

> 죄인으로 낙인찍힌 이들을 받아들이기.

7. 하늘바라기
(오늘의 중보기도)

> 사람의 감정으로 말씀의 돌판을 깨뜨리지 않게 하소서.(출애굽기 32:7-
> 14)

8. 도래샘(삶 돌아보기)   모든 기대를 내려놓을 때
당신은 나의 전부가 됩니다

- 어느 날의 기도

1. 오늘의 성서일과

2. 꽃물(말씀 새기기)

3. 마중물(말씀 묵상)

4. 두레박(질문)

5. 손우물(한 줄 기도)

6. 나비물(말씀의 실천)

7. 하늘바라기
   (오늘의 중보기도)

신앙의 두 기둥

1. 오늘의 성서일과

시편 73
아모스 7:1-6
디모데전서 1:18-20

시편 94
예레미야 5:1-17

2. 꽃물(말씀 새기기)

믿음과 선한 양심을 가지십시오. 어떤 사람들은 선한 양심을 버리고, 그 신앙생활에 파선을 당하였습니다.(디모데전서 1:19)

3. 마중물(말씀 묵상)

우리의 신앙은 두 개의 기둥 위에 서 있다. 하나의 기둥이 아니라 두 개의 기둥이다. 두 개의 기둥에 서 있다는 것은, 둘 중 하나를 빼면 넘어지고 만다는 의미다. 신앙을 떠받치는 두 개의 기둥은 믿음과 선한 양심이다. 믿음만 든든하면 되지 않느냐 할지 몰라도 믿음에 선한 양심이 빠지면 신앙이 파선을 당하고 만다. 믿음 하나만 있으면 됐지 뭐가 더 필요하냐며 선한 양심을 무시하는 많은 이들의 신앙의 배가 오늘도 가라앉고 있다.

4. 두레박(질문)

믿음과 선한 양심을 함께 갖지 못할 때, 어떤 일이 벌어지는 것일까?

5. 손우물(한 줄 기도)

바르게 일하고 진실하게 살려고 하는 한 사람이 되게 해주십시오.(예레미야 5:1-17)

6. 나비물(말씀의 실천)

믿음과 선한 양심의 조화 이루기.

7. 하늘바라기
   (오늘의 중보기도)

우리의 믿음에서 선한 양심이 빠지지 않게 해주십시오.

8. 도래샘(삶 돌아보기)

말없이 견딘 만큼
누군가는 시원함을 누릴 테니까

- 명태

1. 오늘의 성서일과

2. 꽃물(말씀 새기기)

3. 마중물(말씀 묵상)

4. 두레박(질문)

5. 손우물(한 줄 기도)

6. 나비물(말씀의 실천)

7. 하늘바라기
   (오늘의 중보기도)

하루 같은 천 년

1. 오늘의 성서일과   시편 73   *시편 94*

                             요나 3:1-10   *예레미야 5:18-31*

                             베드로후서 3:8-13

2. 꽃물(말씀 새기기)

> 사랑하는 여러분, 이 한 가지만은 잊지 마십시오. 주님께는 하루가 천 년 같고, 천 년이 하루 같습니다.(베드로후서 3:8)

3. 마중물(말씀 묵상)

> 너무 일찍 세상을 떠난 아내의 죽음 앞에 조선시대 시인 박은은 '인명기능구, 이갈여우잠'(人命豈能久, 亦磕如牛暫)이라 노래했다. '사람의 목숨이란 게 어찌 오래 가랴, 소 발자국에 고인 물처럼 쉬 마를 테지'라는 뜻이다. 소나기 내려 소 발자국에 잠깐 고였던 물이, 쏟아지는 볕에 금방 마르고 만다. 소 발자국에 고인 물이라는 말은 아침 안개와 풀의 꽃이라는 말보다 더 애잔하다. 우리 인생이 잊지 말아야 할 한 가지, 주님께는 하루가 천 년 같고 천 년이 하루 같다는 것.

4. 두레박(질문)

> 시간에 대한 올바른 이해는 무엇일까?

5. 손우물(한 줄 기도)

> 하나님의 시간을 인간의 시간으로 셈하지 않게 해주십시오.

6. 나비물(말씀의 실천)

> 모래로 바다를 막으신 하나님을 신뢰하기.(예레미야 5:18-31)

7. 하늘바라기
(오늘의 중보기도)

> 이 나라와 민족이 니느웨가 되어 높은 사람으로부터 가장 낮은 사람에 이르기까지 모두 굵은 베 옷을 입고 회개의 무릎을 꿇게 하소서.(요나 3:1-10)

8. 도래샘(삶 돌아보기)   드문드문 아름다운 사람 있어

                            지구라는 별 빛이 나고

                            - 지구라는 별

1. 오늘의 성서일과

2. 꽃물(말씀 새기기)

3. 마중물(말씀 묵상)

4. 두레박(질문)

5. 손우물(한 줄 기도)

6. 나비물(말씀의 실천)

7. 하늘바라기
   (오늘의 중보기도)

키질과 체질

1. 오늘의 성서일과

시편 73

욥기 40:6-14, 42:1-6

누가복음 22:31-33, 54-62

시편 94

예레미야 14:1-10, 17-22

2. 꽃물(말씀 새기기)

시몬아, 시몬아, 보아라. 사탄이 밀처럼 너희를 체질하려고 너희를 손아귀에 넣기를 요구하였다.(누가복음 22:31)

3. 마중물(말씀 묵상)

키질하는 모습을 어릴 적 흔하게 보았다. 어머니와 동네 아주머니들은 자주 키로 곡식을 까부르고는 했다. 키 위로 솟아오른 곡식들이 다시 키 안으로 떨어지는 순간, 곡식과 검불은 갈렸다. 알곡은 그대로 떨어졌고, 지푸라기들은 바람에 날려 밖으로 떨어졌다. 키질 몇 번에 알곡만 남는 과정이 아이 눈에는 늘 눈부셨다. 체질도 마찬가지였다. 아무리 체가 촘촘해도 체에 가루를 넣고 흔들면 가루는 체의 구멍을 쉬 빠져나갔지만, 가루가 아닌 것들은 그 자리에 남았다. 사탄의 체질과 키질에도 살아남는다는 것이 어찌 쉽기만 하겠는가.

4. 두레박(질문)

사탄의 키질과 체질 앞에 우리가 끝내 남겨야 할 것은 무엇일까?

5. 손우물(한 줄 기도)

사탄의 키질과 체질을 이길 수 있는 순수한 믿음을 갖게 해주십시오.

6. 나비물(말씀의 실천)

거만한 자를 시샘하고, 악인들이 누리는 평안을 부러워하지 않기.(시편 73)

7. 하늘바라기
(오늘의 중보기도)

안심하고 마실 물이 마른 이 땅의 가뭄 위로 해갈의 기쁨을 주소서.(예레미야 14:1-10, 17-22)

8. 도래샘(삶 돌아보기)

마지막까지 제 모습 잃지 않는 것

사랑한다는 것은

-사랑

1. 오늘의 성서일과

2. 꽃물(말씀 새기기)

3. 마중물(말씀 묵상)

4. 두레박(질문)

5. 손우물(한 줄 기도)

6. 나비물(말씀의 실천)

7. 하늘바라기
   (오늘의 중보기도)

그들을 따라가서는 안 된다

1. 오늘의 성서일과   시편 113   *시편 79:1-9*

                            출애굽기 23:1-9   *예레미야 12:14-13:11*

                            로마서 3:1-8

2. 꽃물(말씀 새기기)

다수의 사람들이 잘못을 저지를 때에도 그들을 따라가서는 안 되며, 다수의 사람들이 정의를 굽게 하는 증언을 할 때에도 그들을 따라가서는 안 된다.(출애굽기 23:2)

3. 마중물(말씀 묵상)

출애굽기 23장 1-9절에 대한 《새번역 성경》이 정한 제목은 '정의와 복지에 관한 법'이다. 하나님 백성들의 삶은 정의와 복지를 통해서 나타나야 한다. 정의와 복지를 지키기 위해 명심해야 할 것이 있다. 다수의 사람들이 잘못을 저지를 때에도 그들을 따라가서는 안 되며, 다수의 사람들이 정의를 굽게 하는 증언을 할 때에도 그들을 따라가서는 안 된다는 것이다. 다수의 사람들을 따라가면 하나님의 뜻을 이룰 수가 없다. 따를 것은 다수의 사람들이 아니라, 하나님의 말씀이다.

4. 두레박(질문)

다수의 사람들이 걷는 길은 넓은 길, 좁은 길을 걷기 위해서는 어떤 마음이 필요할까?

5. 손우물(한 줄 기도)

생각 없이 넓은 길 걷지 말고, 깨어 좁은 길을 걷게 해주십시오.

6. 나비물(말씀의 실천)

다수를 따라가는 걸음 멈추기.

7. 하늘바라기
    (오늘의 중보기도)

이 땅 하나님의 백성들이 썩어 전혀 쓸모가 없는 허리띠가 되지 않게 하소서.(예레미야 12:14-13:11)

8. 도래샘(삶 돌아보기) 불쌍히 여기소서

오늘 저의 최선은 고작 포기하지 않는 것입니다

- 어느 날의 기도

1. 오늘의 성서일과

2. 꽃물(말씀 새기기)

3. 마중물(말씀 묵상)

4. 두레박(질문)

5. 손우물(한 줄 기도)

6. 나비물(말씀의 실천)

7. 하늘바라기
  (오늘의 중보기도)

여기에 물이 있다

—

초판 1쇄 발행 2022년 6월 22일

지은이 한희철
펴낸이 한종호
펴낸곳 꽃자리
디자인 임현주
인쇄·제작 영프린팅

출판등록 2012년 12월 13일
주소 경기도 의왕시 백운중앙로 45, 207동 503호(학의동, 효성해링턴플레이스)
전자우편 amabi@hanmail.net
블로그 http://fzari.tistory.com

—

ISBN 979-11-86910-39-9 03230
값 10,000원